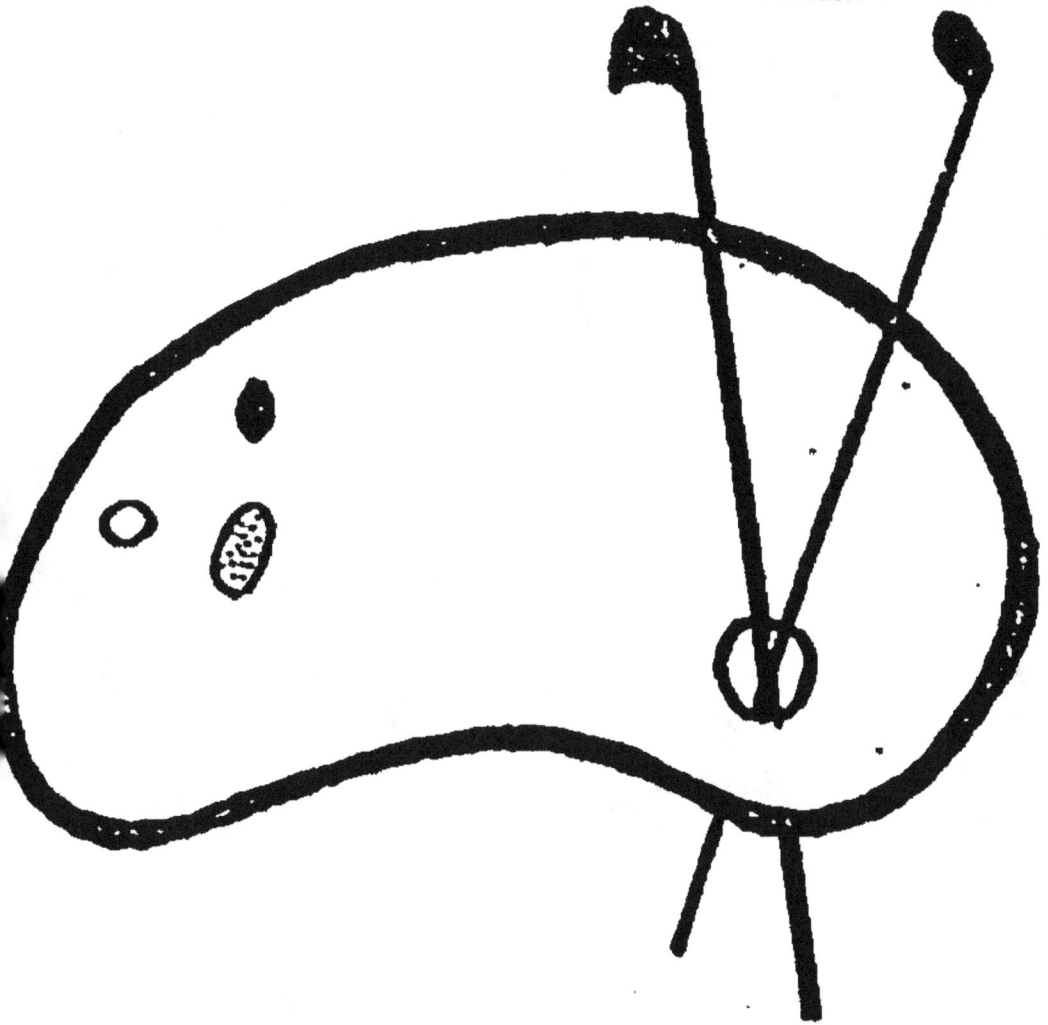

DEBUT D'UNE SERIE DE DOCUMENTS
EN COULEUR

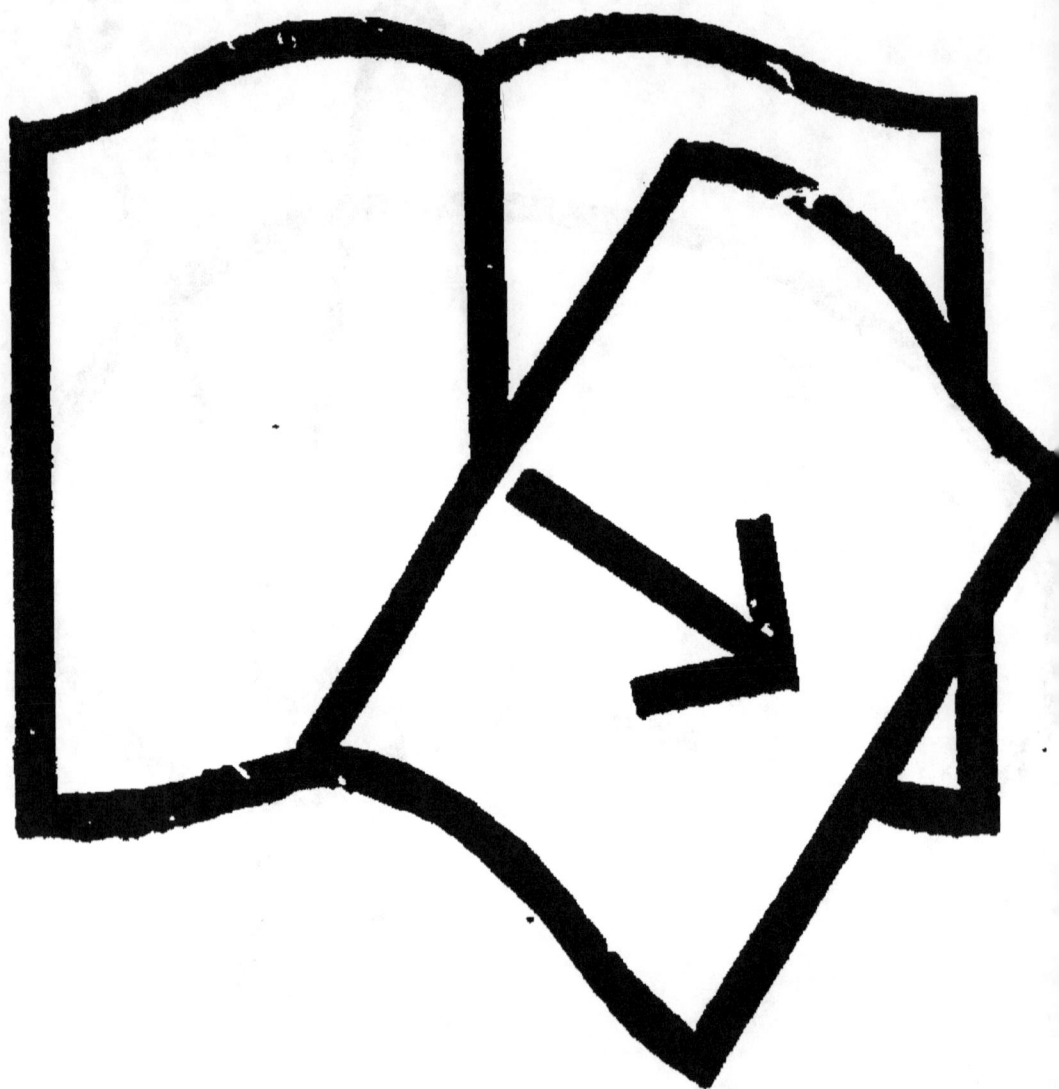

Couverture inférieure manquante

LA

TUNISIE

EN

1890

⎯⎯⎯ ✦ ⎯⎯⎯

TUNIS

—

IMPRIMERIE FRANÇAISE B. BORREL

—

1890

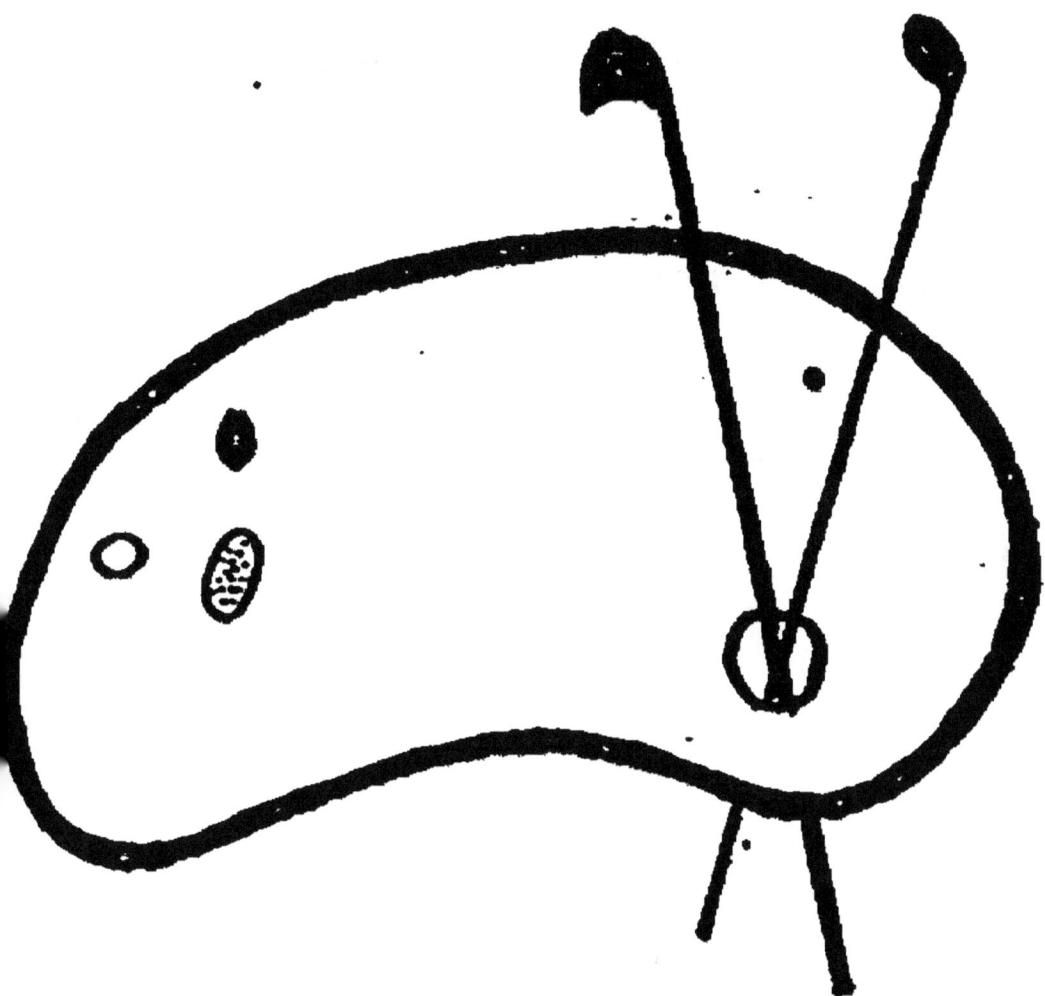

FIN D'UNE SERIE DE DOCUMENTS
EN COULEUR

RÉGENCE DE TUNIS

RÉCEPTION

DU

PREMIER JANVIER 1890

A LA

RÉSIDENCE GÉNÉRALE

DE LA

RÉPUBLIQUE FRANÇAISE

1890.

TUNIS
—
IMPRIMERIE FRANÇAISE B. BORREL
—
1890

RÉCEPTION DU 1er JANVIER 1890.

Mercredi matin 1er Janvier 1890, à 8 heures, les Princes de la Famille Beylicale se sont rendus à la Résidence Générale pour offrir à M. Massicault les souhaits de S. A. le Bey, leur auguste père.

Après les Princes, sont venus S. A. Sidi-Taïeb-Bey, le Premier Ministre, le Ministre de la Plume, qui ont également exprimé au Représentant de la France leurs vœux pour la prospérité et la grandeur de la République et l'œuvre de progrès qu'elle poursuit en Tunisie.

A 8 heures 1/2, le Ministre, Résident Général, a reçu la visite de M. le Général de Division Saint-Marc, commandant la Brigade d'occupation de Tunisie ; et ensuite le Clergé de Tunis, présenté par Mgr Gazaniol, curé de la Cathédrale.

A 8 heures 45, M. le Résident Général recevait la Colonie Française, la Chambre de Commerce et le Comice agricole.

M. Proust, Président de la Chambre de Commerce, et M. Féret, Président du Comice agricole de la Tunisie, ont adressé successivement leurs vœux à M. le Ministre qui a répondu par un discours salué de vifs applaudissements.

M. le Ministre a ensuite reçu M. le Colonel Courtiel commandant supérieur de Tunis, accompagné des officiers de la subdivision, qui lui a présenté les vœux de nouvel an de la garnison.

Furent ensuite reçus : M. le Président du Tribunal accompagné de MM. les Juges ; M. le Procureur de la République, MM. les membres du Parquet, les avocats et officiers ministériels ; MM. le Président et les membres du Tribunal mixte ; MM. le Président, les Vice-Présidents de la Municipalité de Tunis et les membres du Conseil Municipal ;

M. Depienne, Directeur des Finances accompagné de son personnel ;

La Direction Générale des Travaux Publics: Services des Ponts et Chaussées, Maritimes, Architectes et Conducteurs, Mines, Police des Ports et de la Navigation, Topographie et Forêts ;

MM. les fonctionnaires de l'Administration Générale;

MM. Machuel et les membres du corps enseignant ;

La Direction des Travaux de la Ville et son personnel;

M. le Commissaire Central et son personnel ;

M. le Directeur des Antiquités et des Arts ;

M. le Directeur de l'Office des Postes et des Télégraphes accompagné de son personnel ;

M. l'Inspecteur de l'Agriculture et de l'Élevage ;

M. le Directeur du Laboratoire de chimie agricole et industrielle, et leurs services.

MM. les membres de la Djemaïa et des Habous ;

Les Notables musulmans présentés par le Cheik Médina et les Israélites protégés français.

M. le Capitaine de frégate Melchior, commandant le croiseur le d'*Estrées* et la station navale de Tunisie, retenu à bord par le mauvais temps, avait adressé une lettre de regrets à Monsieur le Ministre. Cette lettre est reproduite plus loin ainsi, que le texte complet de tous les discours.

Il était presque midi lorsque la réception prit fin.

A 2 heures, M. le Ministre rendait visite à M. le Général Saint-Marc, commandant la Brigade d'Occupation de Tunisie.

De 2 heures à 5 heures, Madame Massicault a reçu de très nombreuses visites de la Colonie Française et des diverses Colonies étrangères.

Discours de M. Proust, Président de la Chambre de Commerce ;

MONSIEUR LE MINISTRE,

La Chambre de Commerce vient vous exprimer, à l'occasion de la nouvelle année, ses vœux et ses respectueux hommages.

Elle vous affirme à nouveau tout son dévouement pour le développement des intérêts qu'elle représente ici.

Elle espère que vous voudrez bien reprendre les démarches que vous avez déjà faites, pour obtenir du Gouvernement Français, les réformes douanières, qui nous sont indispensables.

La crise commerciale que nous traversons en ce moment, serait vite atténuée, si nous arrivions à ce résultat.

Nous vous demandons de vouloir bien profiter de votre voyage à Paris, pour obtenir de nos Gouvernants ces réformes, sans lesquelles la Colonie ne peut se développer. C'est, à notre avis, la mesure la plus urgente que nous réclamions.

Ce pays qui est devenu celui de notre adoption, est essentiellement agricole; les produits de cette terre si féconde, sont les seuls qui puissent déterminer sa richesse ; l'arabe et le colon, unis par les mêmes travaux, s'appauvrissent quant les charges dont ils sont frappés deviennent trop lourdes; le rendement s'en ressent, et les transactions commerciales deviennent nulles.

Nous espérons que le Gouvernement de la République, mis au courant de nos besoins, se souviendra que les Français de la Tunisie ont droit à la même protection que ceux de nos compatriotes qui, moins aventureux que nous, sont restés sur le sol de la patrie; et qu'enfin, cette protection naturelle que nous réclamons à si juste titre depuis plusieurs années déjà, finira par nous être accordée.

Nous comptons sur votre dévouement, Monsieur le Ministre, et nous espérons que vous voudrez bien nous aider de tout votre pouvoir dans la réalisation de ce vœu.

Discours de M. Féret, Président du Comice agricole :

MONSIEUR LE MINISTRE,

Pour la deuxième fois, j'ai l'honneur de venir vous présenter, au nom de mes nombreux collègues du Comice agricole de la Tunisie, mes hommages, les leurs, et nos vœux.

La convention douanière, vous le savez, Monsieur le Ministre, a été l'objet de nos constantes préoccupations ; cette mesure est la seule qui nous semble capable de donner au commerce l'activité qu'il réclame, à la colonisation, à l'agriculture, l'essor qu'elles ont connu dans les précédentes années.

Le Comice agricole vient de vous adresser un vœu, vous demandant de prier le Gouvernement de la métropole d'en porter la discussion immédiate devant le parlement.

Ce vœu est d'ailleurs conforme à une récente pétition couverte par les signatures de la presque totalité des français établis en Tunisie, négociants, propriétaires urbains, agriculteurs.

Le Comice agricole vous demande d'appuyer cette juste revendication, qui est vôtre, et qui a été adoptée par la Colonie française.

Il vous a été soumis, Monsieur le Ministre, divers vœux tendant à la création d'une Banque d'État, l'une réforme monétaire ; nous ajouterons à ces vœux celui très spécial de l'établissement d'un Crédit Foncier, seule institution susceptible d'assurer la prospérité de la Colonie agricole, d'activer les transactions immobilières, d'aider surtout le viticulteur et l'agriculteur dans ses derniers et suprêmes efforts.

On a dit dernièrement en France que la Tunisie n'avait ni ports, ni ponts, ni routes ; le Comice agricole vient protester contre ces allégations en retard de quatre années. La construction en cours du port de Tunis ; la création prochaine d'un port plus au nord ; de nombreuses et importantes améliorations dans les autres ; les voies de grande communication pourvues de ponts ; les diverses colonies dotées, ou devant l'être prochainement, de ponts économiques appropriés à leur usage et assurant leur constante communication avec les ports d'expédition et les villes de consommation ; la Tunisie sillonnée de routes ; un réseau, en voie d'exécution, de pistes améliorées venant les compléter ; — voilà les faits.

Nous voyons que votre gouvernement, avec des ressources modiques, *non empruntées,* est entré dans l'ère des grands travaux d'utilité publique.

Vous vous êtes intéressé, Monsieur le Ministre, à la création de chemins de fer en Tunisie.

S'il est permis au Comice d'exprimer son avis, il dira qu'à son sens, la voie la moins coûteuse, avec le matériel le moins cher et le moins pesant, celle dont le fret sera le moins élevé, celle, en un mot, qui, pour une somme équivalente, donnera le plus long ruban d'acier, lui semble, en tous points, la préférable.

L'expérience qui vient d'être faite à l'Exposition Universelle de 1889, démontre surabondamment cette vérité, que la puissance de traction, la stabilité et l'économie des voies très étroites (0^m,60) l'emportent de beaucoup sur les voies larges de 1^m ou 1^m44.

La Tunisie ne semble pas nécessiter d'ici à longtemps celles-ci, et celles-là, au contraire, lui seraient très secourables.

Bientôt, Monsieur le Ministre, l'agriculture, en Tunisie, va être dotée d'une nouvelle richesse dont elle était privée jusqu'ici.

Dès le 1er Janvier 1891 le tabac pourra être ensemencé, planté, dans ce pays. Le Comice agricole vous prie de faire connaître à quelles mesures cette culture sera soumise.

Des pluies bienfaisantes sont déjà tombées en abondance sur toute la Tunisie, et annoncent une année prospère ; la première d'une série fertile, fermant l'ère néfaste qui sévissait depuis plusieurs années.

Malheureusement cette prospérité paraît menacée, cette année, par un danger plus redoutable encore que celui que votre administration a si heureusement combattu l'an dernier, je veux parler de « l'invasion des acridiens. »

Le Comice agricole compte sur votre haute sollicitude pour les intérêts agricoles et coloniaux, et sur le dévouement de votre Gouvernement, pour écarter, une fois encore, un fléau redouté à juste titre.

Le Comice agricole vient vous remercier d'avoir donné satisfaction à plusieurs de ses vœux, et vous prie d'accueillir avec la même bienveillance celui qu'il vous a présenté, il y a quelques jours, en faveur du dégrèvement total des droits de sortie sur les bestiaux.

Sous votre gouvernement, Monsieur le Ministre, la Tunisie a pris une part effective à l'exposition universelle de 1889, part qui, jusqu'ici, aux expositions précédentes, n'avait été que représentative.

Au milieu du concours de toutes les nations, sa place a été marquée.

A côté des intéressants travaux de vos administrations, les produits exposés par la Colonie ont été remarqués.

Les négociants de Bercy ont, à diverses reprises, grandement apprécié les vins produits par le récent vignoble de la Colonie française ; nul doute que si l'accès du plus grand dock vinicole du monde leur est facilité, ces vins n'y soient reçus avec faveur.

Nous vous demandons d'agir dans ce sens; le Comice

agricole vous secondera de toutes ses forces, de tout son dévouement.

Avec l'année qui s'achève, Monsieur le Ministre, finit un grand siècle :

Celui de la Révolution Française,

Celui de la proclamation des droits de l'homme.

Ce siècle s'éteint dans une ère de paix consacrée par l'Exposition Universelle du Centenaire, qui a démontré au monde entier la merveilleuse vitalité, l'incessante activité du génie de la Nation française.

Parmi les hommes illustrés qui ont immortalisé ce siècle souvent héroïque, le grand Carnot, l'organisateur de la victoire, l'aïeul du président actuel de la République française, figure au premier rang. Nous en conserverons le souvenir.

Veuillez, Monsieur le Ministre, présenter au premier Magistrat de la République l'assurance de notre dévouement et de notre inébranlable fidélité.

Veuillez agréer pour vous, avec les compliments d'usage, nos vœux bien sincères de bonheur, et croire à notre profond respect.

Discours de M. Geffroy, Président du Tribunal :

MONSIEUR LE MINISTRE,

J'ai l'honneur de vous présenter le Tribunal,

Heureux de vous retrouver dans cette Maison de France où chacun est certain de rencontrer un si bienveillant accueil, nous faisons des vœux pour que vous y restiez jusqu'au jour où seront réalisés les projets que vous avez conçus et préparés pour le bien de ce pays.

La magistrature, Monsieur le Ministre, remplit en Tunisie, une tâche laborieuse et délicate.

Elle est digne de votre estime et de votre sollicitude.

Elle a la conscience d'avoir procuré à tous les justiciables, à quelque nationalité qu'ils appartiennent, une justice égale et bienveillante.

Elle a fait ses efforts pour que cette justice aussi fût prévoyante et éclairée.

Nous n'aurions rempli qu'à moitié notre mission, si nous avions pu oublier que nous avons le devoir, dans la sphère si nettement définie de nos attributions, de faire respecter les institutions dont il a plu à la France de doter ce pays, et les personnes de ceux qu'elle a chargés de l'y représenter.

A ce devoir pas plus qu'à d'autres nous ne sommes disposés à manquer.

Je vous présente également, Monsieur le Ministre, MM. les Avocats et MM. les Défenseurs qui, nous ont été, pendant l'année qui vient de s'écouler, des auxiliaires utiles et dévoués.

Discours de M. le Colonel Courtiel, Commandant supérieur de Tunis :

J'ai le grand honneur de vous exprimer, au nom de MM. les Officiers de la garnison et du commandement militaire de Tunis, les vœux de bonheur et de santé que nous formons tous, pour vous et pour chacun des membres de votre excellente famille.

Les souhaits adressés au représentant de la France en Tunisie se confondent naturellement avec ceux que nous faisons pour l'accroissement continu de la prospérité de notre jeune Protectorat.

Notre établissement dans les belles contrées que nous habitons est définitif.

C'est dire, Monsieur le Ministre, que l'armée tiendra toujours à honneur de vous y prêter le concours le plus ferme et le plus dévoué.

Lettre adressée à Monsieur le Ministre, par M. le capitaine de frégate Melchior, commandant le croiseur le d'*Estrées* et la station navale de Tunisie.

La Goulette, 1ᵉʳ Janvier 1890.

Monsieur le Ministre,

J'ai dû, ce matin, vous prévenir par télégramme que le mauvais temps nous empêcherait de nous rendre à Tunis; notre devoir était de rester à bord.

Je tiens à vous exprimer tous mes regrets d'un aussi fâcheux contre-temps, et à vous dire combien j'eusse été heureux de vous offrir, au nom de tout le personnel dont j'ai l'honneur d'être ici le chef, nos meilleurs vœux et nos souhaits pour le succès de votre haute mission.

Ce que je n'ai pu faire ce matin, Monsieur le Ministre, je le fais ici, en profitant de cette occasion pour vous assurer de nouveau de notre concours le plus absolu.

En Tunisie, comme partout ailleurs, notre rôle n'est pas exclusivement militaire. Dans ce pays où tant de choses sont à organiser, à créer même, il en est qui touchent de plus ou moins près à la mer, et où notre compétence technique peut être utilisée. Vous pouvez faire appel à nous, Monsieur le Ministre; en toute occasion, vous nous trouverez toujours animés de la ferme volonté de bien faire.

Veuillez, Monsieur le Ministre, agréer les assurances de mes sentiments les plus respectueux et dévoués.

J. MELCHIOR.

Discours prononcé par M. Massicault, Ministre Résident Général de la République Française à Tunis, à la réception de la Colonie Française :

MESSIEURS,

Pour la quatrième fois depuis un peu plus de trois ans, j'ai l'honneur de saluer, à pareille date et en ce lieu, la Colonie Française, de la remercier de ses vœux, et de la prier d'agréer les miens.

Vous trouverez à propos, messieurs, je l'espère, qu'au terme d'une période triennale, j'essaie de mesurer devant vous le chemin parcouru, et de déterminer avec quelque précision où en est l'œuvre accomplie par le Protectorat.

C'est, à ce qu'il me semble, une satisfaction que nous devons aux sympathies et aux encouragements qui nous entourent, et ce doit être aussi notre réponse aux inexactitudes ou aux injustices qui sont le cortége inévitable des longues et grandes entreprises.

Finances.

Le budget de l'exercice actuel 1307 a été arrêté en Conseil des Ministres et Chefs de Service du Gouvernement Tunisien le 6 Juillet 1889, et inséré au *Journal Officiel* du 3 Octobre suivant.

Les recettes ayant été calculées, comme il est de règle, d'après le rendement des cinq années précédentes, qui comprenaient deux années de sécheresse exceptionnelle, et eu égard aux circonstances climatériques du moment ; et d'autre part, les dépenses ne se prêtant pas toutes à des réductions, — on dut prévoir un déficit de 6 millions 1/2 de piastres, auquel il aurait été éventuellement pourvu à l'aide de notre fonds de réserve, qui est d'environ 22 millions.

Heureusement les excédents des exercices antérieurs dont bénéficiera le budget en cours, ont été fixés depuis à 4 millions 700 mille piastres.

Le déficit à prévoir se trouve ainsi ramené à un million 800 mille piastres.

Mais ce chiffre lui-même sera diminué :

1° Des crédits non employés de 1306, et qui seront connus dans quelques mois;

Et 2° des recouvrements non prévus, d'abord que l'état probable des ensemencements nous permet d'espérer.

Vraisemblablement donc l'exercice 1307 se soldera en équilibre.

Nos finances conservent, par suite, la situation ci-après:

En réserve : 22 millions;

Impôts arriérés et jugés recouvrables : 15 millions et demi.

Soit, pour parer à l'imprévu, un ensemble de ressources encaissées ou réalisables qui est supérieur aux dépenses d'une année entière, puisque le budget des dépenses de 1307 n'atteint pas 32 millions et demi.

Dans ce compte n'entrent pas les dix millions de piastres qui ont été le bénéfice de la conversion, et qui ont reçu ou recevront un emploi particulier, concerté avec le Gouvernement de la République.

Ces résultats financiers ont été obtenus sans qu'un seul impôt nouveau ait été établi au profit de l'État. Et, au contraire, l'État n'a cessé d'opérer des dégrèvements.

Par exemple, depuis Décembre 1886, il a, sur l'exportation, réduit d'environ 50 0/0 les droits applicables au bétail, — réduit les droits sur l'alfa, — supprimé le droit sur les écorces à tan des forêts de l'État, — supprimé ou modifié les droits sur divers produits (Décrets des 11 Janvier 1887 — 29 Janvier 1888 — 10 Mars 1888 — 21 et 28 Janvier 1889).

A l'importation, il a supprimé tous droits sur les animaux, l'huile d'olive, le gibier, les volailles, — et étendu les franchises sur les machines agricoles (Décrets des 17 Mai et 12 Juillet 1888 et 31 Décembre 1889).

Il a aussi abandonné aux Communes des droits perçus auparavant à son profit.

Depuis l'organisation du Protectorat, les suppressions, réductions ou abandons de taxes montent ensemble à plus de 6 millions de piastres par année.

Il n'est perçu en Tunisie aucun impôt foncier sur les terres complantées en vigne; aucune taxe d'aucune nature, soit de fabrication, soit de circulation, soit de licence ou d'exportation, n'existe sur les vins et alcools provenant du pays. Aucune taxe non plus, soit d'exportation, soit d'importation, sur les céréales.

Les Mahsoulats ou droits de marché ont été remaniés par les décrets des 9 et 13 Août 1887, selon les conclusions de la Sous-Commission créée pour leur révision.

De nouveaux décrets ont supprimé ou réduit considérablement beaucoup de droits ou d'entraves sur les marchés publics, — réglé la constitution régulière des marchés et l'introduction dans la Régence des règles du système métrique.

Les fermages des monopoles auront bientôt disparu.

Le monopole de la tannerie a été supprimé le 13 Mars 1888.

Les droits et taxes de Dar el Djeld ont été complétement remaniés ; ils sont ou supprimés ou perçus directement par l'État depuis la même époque.

Le marché des huiles est régi directement par l'État depuis le 13 Octobre 1888, après révision et réduction des tarifs.

Il en sera de même pour le marché au charbon de Tunis, à partir de ce jour ; pour le monopole du plâtre et pour les droits sur la fabrication de la chaux et des briques, à partir du 5 Avril prochain.

Enfin, à leur expiration, c'est-à-dire le 31 Décembre 1890, les monopoles du sel et du tabac seront aussi pris en main par l'État. Un ingénieur des Manufactures de la République vient d'achever, sur place, l'étude de toutes les questions relatives à la Régie.

Malgré les dégrèvements que nous venons d'indiquer, les dépenses de l'État ont pu être portées graduellement de 22 millions à 32 millions, de 1302 à 1307, sans parler de la dotation affectée au port de Tunis.

La Direction des Finances n'a puisé ses ressources que dans le perfectionnement de la rentrée de l'impôt.

Les contribuables inscrits sur les rôles de la Medjba étaient au nombre de 148.000 en 1881 ; ils sont, en 1889, au

nombre de 218.000, grâce à la surveillance des listes et à la suppression d'exonérations abusives.

D'année en année, les perceptions ont gagné en régularité, en honnêteté, et, conséquemment, en produits.

Et, bien loin que le contribuable ait été plus maltraité qu'autrefois, il a été plus ménagé et plus satisfait.

Nous en donnons les preuves ci-après :

Que nulle part, comme il avait été longtemps d'usage dans ce pays, on n'a dû recourir à la force des armes pour retirer l'impôt ;

Que la tranquillité et la sécurité sont à peu près parfaites sur tout le territoire ;

Que des caïdats qui, autrefois, enrichissaient leurs titulaires, doivent être supprimés parce qu'ils ne leur fournissent plus de quoi vivre ;

Que les arriérés exigibles sont considérables ;

Que lors des dernières sécheresses, non seulement la bienveillance a été recommandée aux collecteurs d'impôts, mais des prêts de semence ont été faits aux agriculteurs indigènes qui en avaient besoin ;

Qu'enfin dans ses nombreuses visites à travers le pays, le Résident Général a toujours entendu les populations exprimer leur gratitude envers une administration « *équitable et paternelle, sous laquelle on ne paie plus l'impôt qu'une fois.* »

Ces résultats nous font honneur.

Ils ont valu à la Tunisie, appuyée sur le Protectorat de la France, un crédit de tout premier ordre, que des États puissants n'arrivent pas à égaler. Nous en avons usé récemment pour ramener de 4 % à 3 1/2 le taux de l'intérêt que nous servons à nos créanciers ; et cette opération nous a permis, sans augmenter nos charges, de réaliser un encaissement de dix millions de piastres, et d'assurer l'amortissement d'une dette auparavant indéfinie.

Le remboursement, au pair de 500 francs, des premières obligations sorties au tirage, va avoir lieu.

A peine est il besoin de dire que la garantie accordée par la France aux titres tunisiens est restée nominale.

Le pays, qui avait et aura longtemps encore tant de besoins, s'est habitué à la pratique de l'économie et de la prévoyance. Il n'a eu du dehors aucune assistance d'argent ; il a été habitué à ne compter que sur lui-même, et à vivre non du lendemain, non pas même du jour, mais de ses ressources de la veille. Sa règle absolue, en effet, est de ne dépenser qu'autant qu'il a en caisse.

Je manquerais au plus impérieux et au plus agréable de mes devoirs, si je ne disais pas, à ce sujet, que notre Direction des Finances a déployé des qualités vraiment éminentes d'ordre, de fermeté, de haute intégrité.
Tous les services sont ses obligés, et c'est au nom de tous que je lui rends un plein hommage.

Travaux Publics.

De 1837 à 1889, notre Direction Générale des Travaux Publics a eu un fonctionnement très laborieux.

ROUTES. — Le réseau des routes comprenait, le 1er Janvier 1887, 221 kilomètres avec les routes ouvertes par le Génie militaire. Il a été depuis livré à la circulation 310 kilomètres auxquels s'ajouteront bientôt 99 kilomètres, en construction.

Le développement total des routes aura alors presque triplé.

Il sera de 620 kilomètres.

Ces travaux ont porté sur les voies suivantes :
Route de Tunis à Bizerte, entièrement terminée ;
Route de Tunis à Sousse et de Sousse à Sfax par El Djem;
Route de Sousse à Monastir et Mehdia, dont on va adjuger le dernier tronçon ;
Route de Sousse à Kairouan ;
Route de Tunis à Zaghouan ;
Route de Tunis au Kef ;
Route du Kef à Souk El Arba et à Tabarka.

D'autres et nombreuses voies ont été construites dans la banlieue de Tunis.

On a exécuté des ouvrages sur la Medjerda, à Slouguia et Souk el Khemis, sur l'Oued Mellègue, sur l'Oued Milliane et divers cours d'eau ou ravins.

Des maisons cantonnières assurent le bon entretien de ces travaux.

On a aussi procédé à l'amélioration d'environ 600 kilomètres de pistes desservant les régions peuplées ou en voie de colonisation.

En sorte que, dans une période de trois ans, près de 1,000 kilomètres de voies publiques ont été construits ou mis en état de viabilité.

CHEMINS DE FER. — Deux nouvelles lignes ont été ouvertes.

En 1888 a été inaugurée une petite ligne de 13 kilomètres, construite par la Compagnie Bône-Guelma, et reliant la ville de Béja à la station de Béja-gare, sur la ligne de Tunis à la frontière algérienne.

La ligne de Sousse à Kairouan, construite par le Département de la Guerre, et réservée aux besoins de l'armée jusqu'en 1888, a été cédée par le Gouvernement Français au Gouvernement Tunisien. L'exploitation est aujourd'hui assurée par la Compagnie Bône-Guelma qui fait circuler, deux fois par semaine, des trains réguliers de voyageurs et de marchandises.

Pendant l'année dernière, le Gouvernement Tunisien a fait procéder, par la même compagnie, aux études et à la préparation des avant-projets des voies ferrées destinées à relier Tunis, à Bizerte d'une part, à Zaghouan, Nebeui, Sousse et Kairouan, d'autre part.

Une grande ligne Nord-Sud serait ainsi construite, reliant entre eux, avec les ports et avec Tunis, soit directement, soit par embranchement, les centres principaux de population et les régions agricoles les plus peuplés de la Régence.

L'avant-projet de ces lignes, dont le développement est de 349 kilomètres, a été soumis, en Mars et Avril 1889, à une enquête publique par le Gouvernement, désireux de connaître l'opinion des populations à desservir, soit sur le degré d'urgence des lignes et de leurs embranchements, soit sur les tracés à adopter.

Nous espérons que l'exécution de ce réseau pourra être commencée dans les premiers mois de la présente année ; les études sont achevées, les bases d'un accord entre le Gouvernement et la Compagnie de Bône et Guelma ont été concertées ; enfin le produit de la conversion et nos réserves budgétaires nous permettent d'assumer les charges de cette grosse opération, autant qu'elles semblent devoir nous incomber.

BATIMENTS CIVILS. — En dehors des travaux d'entretien et de réparation des immeubles affectés aux divers services, la Direction Générale des Travaux Publics a fait élever depuis trois ans des constructions destinées soit à l'installation de ces services, soit à faciliter les approvisionnements et les transactions commerciales.

L'organisation des contrôles civils a exigé la construction d'une maison du contrôle à Souk-El-Arba et d'une autre à Maktar.

Le développement de l'Enseignement Public a amené la restauration du Collège Sadiki, la construction d'une annexe à cet établissement, l'aménagement de l'ancienne mosquée et de la Médersa de Djemma ben Meluka, qui ont reçu l'École Normale Alaoui.

La construction d'une école secondaire de jeunes filles est à l'étude.

Depuis la création de l'office beylical des Postes et Télégraphes, les travaux des Bâtiments qui y sont destinés incombent au Gouvernement Tunisien. La construction d'un Hôtel des Postes et Télégraphes à Tunis, a été, en conséquence, commencée au mois de Février 1889, et cet édifice sera au moins partiellement ouvert au public dans le courant de la présente année.

La Direction a fait construire :

A Mahdia et à Ghardimaou, des bâtiments de douanes ;

A Béja et à Souk-El-Arba, des marchés au blé et aux bestiaux.

Un marché semblable est en construction à Kairouan.

Le grand abattoir de Tunis a été remis à la Municipalité de cette ville en Avril 1888 ; d'autres abattoirs édifiés aux frais de l'État sur un type analogue, mais dans des proportions réduites, vont être incessamment ouverts dans les villes de Béja et de Nebeul.

Une poudrière a été construite à Bizerte en 1887 ; une autre est en construction à Gabès.

La ville de Sfax vient de faire adjuger un grand marché couvert et un marché aux céréales.

AMÉNAGEMENTS D'EAU. — Des travaux d'aménagements d'eau, si nécessaires en ce pays, sont exécutés sur un bon nombre de points, et, depuis trois ans, neuf villes ont été dotées d'eau potable, à savoir : Porto-Farina, Béja, Bizerte, Tabarca, Djemmah, Souk-El-Arba, Kairouan, Le Kef et Téboursouk. Des études sont suivies pour l'alimentation de Sfax, Sousse, Gabès et Houmt-Souk.

La construction d'un réservoir neuf à Bizerte a été adjugée en 1889.

On étudie le projet de restauration des citernes romaines du Kef.

Sous le contrôle de l'État, la Compagnie concessionnaire des Eaux de Tunis a établi un réservoir de 15.000 mètres cubes, et réparé, pour alimenter La Goulette, les citernes de Carthage qui contiennent 25.000 mètres cubes. Elle a aussi exécuté des travaux pour amener à Tunis, dans les cas de sécheresse, une partie des eaux qui coulaient jusqu'à ce jour, inutilisées, dans la Région de Zaghouan.

TRAVAUX MARITIMES. — Sur plusieurs points du littoral, des améliorations ont été réalisées dans l'installation et l'outillage des ports.

A Sfax, — dont la rade est praticable en tout temps, — on a terminé la construction du mur du quai auquel un chenal, dragué jusqu'à la profondeur de 3m50, permet d'accoster. Les manœuvres seront facilitées par le creusement d'un bassin à même profondeur.

A La Goulette, les quais ont été réparés.

Sousse a été doté d'un appontement qui sera protégé par une jetée-abri, construite au moyen des blocs artificiels fabriqués pendant le dernier exercice, et qui sera prolongée à mesure que les ressources du budget le permettront.

A Bizerte, le Gouvernement a fait aménager le canal de manière à permettre aux navires d'un tirant d'eau de moins de 3 mètres de venir accoster aux quais, et, au besoin, pénétrer dans le lac.

L'entrée du canal sera, en outre, protégée du côté du large par une jetée prolongée jusque par les fonds de 5 mètres.

L'éclairage des côtes était très défectueux. Depuis deux ans nous exécutons un programme de travaux arrêté avec le Ministère des Travaux Publics de France.

Les phares du Cap Bon, de Sidi Bou Saïd et des Cani ont été agrandis. Les feux de Kuriat, de l'Ile Plane, de Kalibia, ont été allumés ; les bancs de Kerkennah, dangereux pour la navigation, ont été entourés d'une ceinture de bouées lumineuses.

Le phare de Sousse va être installé; les phares du Cap Serrat, du Ras Engelah, de Mehdia sont en construction et seront rapidement achevés.

Des feux de port ont été établis sur plusieurs points de la côte.

L'acquisition de bateaux à vapeur assure désormais le service de la surveillance et du ravitaillement qui était aussi pénible qu'irrégulier.

PORT DE TUNIS. — L'autorisation de construire un port à Tunis a été accordée, le 14 Août 1880, à la Compagnie Bône-Guelma, qui céda ses droits à la Compagnie des Batignolles.

Cette société présenta à l'approbation de S. A. le Bey un projet de convention et de cahier des charges qui fut soumis, en même temps qu'un contre-projet dressé par le Gouvernement Tunisien, à l'examen d'une commission d'Inspecteurs Généraux des Ponts et Chaussées.

Pendant cinq ans, la Société et le Gouvernement ne purent établir un accord. La société élevait des prétentions, exigeait, par exemple, que le Bey s'interdît de concéder ou construire aucun port dans un rayon de 25 lieues au Nord et au Sud de Tunis; et le Gouvernement Tunisien refusait de donner à la concession cette portée et ces conséquences.

L'entente ayant été reconnue impossible, une nouvelle convention entre les parties fut signée, avec l'agrément du Gouvernement de la République, le 9 Novembre 1885.

D'après cette convention, la Société des Batignolles était chargée de la construction du port pour le compte du Gouvernement, et les conditions d'exécution devaient être fixées par le Conseil Général des Ponts et Chaussées.

Ce Conseil, dont la compétence et l'autorité assuraient au Gouvernement des garanties au-dessus de toute critique, a arrêté, le 17 Mars 1887, les bases du marché, prix et conditions techniques.

Le projet dressé sur ces indications a été présenté au Conseil des Ponts et Chaussées le 7 Août suivant, et il a été approuvé, scion son avis, le 18 Juillet 1888.

La dépense est évaluée à environ 12 millions de francs ; le délai d'exécution est fixé à 6 années ; les travaux doivent être terminés le 18 Juillet 1894.

Une dotation spéciale de 11.232.000 piastres a été affectée au Port de Tunis par décret du 11 Chaoual 1303.

Il devra être pourvu ultérieurement au reste de la dépense, soit environ 5 millions de francs.

Les travaux sont en bonne marche ; le chenal est creusé sur près de.la moitié de sa longueur ; les vannages sont terminés, et dans quelques mois les jetées le seront aussi.

Les dépenses effectuées s'élèvent déjà à près de 7 millions de piastres.

MINES. — Une seule concession de mines a été accordée depuis 3 ans : celle de Khanguet-el-Touk, près Béja.

Mais toute une série de gisements a donné lieu, soit à des recherches préliminaires, soit à des demandes en permis de recherches.

Au Djebilet-el-Kohal, au Djebel-Ouest, au Bou Kournine, au Djebel Trozza, les résultats de ces recherches sur les gisements de plomb et de zinc font espérer que d'ici à peu de temps, l'industrie minière prendra du développement dans ce pays.

Les guanos et les phosphates de chaux ont donné lieu à des recherches, notamment à Bulla Régia, à Gafsa, au Djebel Tamerza, au Djebel Nacer-Allah.

Le laboratoire du Service des mines a été organisé de façon à permettre aux particuliers de faire analyser des minerais.

La carte géologique provisoire de la Régence vient d'être terminée.

Les sources thermales, si utilisées par les indigènes, ont été l'objet de travaux d'appropriation et de captage.

A Hammam M'seiada, près Béja, on a procédé au captage de la Source ; à Hammam Djedi, les études préliminaires de captage sont terminées.

A Hammam-El-Lif, le Service des mines a capté la source d'Aïn El Ariane. La déchéance de l'ancien concessionnaire de ces eaux ayant été prononcée, on va procéder à une nouvelle adjudication, et sans doute, alors, cette localité sera dotée d'un bon établissement thermal.

SERVICE TOPOGRAPHIQUE. — La mise en vigueur de la Loi sur la Propriété Foncière a donné lieu, dans ces trois dernières années, à 115 demandes d'immatriculation. 50 titres ont été délivrés aux requérants, 48 plans et devis ont été remis au Conservateur de la Propriété Foncière. Les autres demandes sont en instance.

Les agents du Service Topographique ont, en outre, exécuté, pour l'État ou des particuliers, des levers, notamment ceux des villes de Kairouan, La Goulette et Gabès.

D'après un accord intervenu en 1887 entre le Ministère de la Guerre et le Gouvernement Beylical, le lever de la carte de la Régence a été confié par le Gouvernement qui en fait les frais, au Service Géographique de l'Armée. Les feuilles-minutes de Tunis et de La Goulette sont déjà remises aux ateliers de reproduction du Ministère de la Guerre.

POLICE DES PORTS. — Le Service de la Police des Ports a continué, pendant ces trois années, à assurer le bon ordre et la sûreté de la navigation dans les ports. Son personnel a dû être renforcé pour satisfaire aux nouveaux besoins résultant du développement commercial de la Régence.

FORÊTS. — La mise en valeur des massifs forestiers de la Khroumirie a été continuée.

Depuis 3 ans, on a démasclé 1.475.000 chênes-lièges, et, pour éviter la propagation des incendies, si dangereux après cette opération, on a entouré les massifs mis en valeur de 400 kilom. de tranchées de protection, embrassant 870 hectares.

Pour permettre l'accès de ces parties et la vidange de leurs produits, on a construit 400 km. de voies carrossables et de sentiers; une de ces routes partant de Ghardimaou s'élève jusqu'à Feidja, doit se prolonger jusqu'à Aïn-Draham, desservant les plus riches massifs de la Khroumirie.

Des maisons forestières ont été établies pour loger les agents et les préposés dans l'intérieur ou à proximité des boisements soumis à leur action; quelques autres travaux, tels qu'aménagements d'eaux, clôtures, ont complété ces installations.

Un essai de reboisement, tenté à Hammam-El-Lif, a bien réussi et donné bon augure des travaux qui pourraient être entrepris dans ce sens, surtout aux abords des centres habités.

Une citerne a été construite dans cette forêt pour recueillir les eaux pluviales.

Dans le sud de la Régence, les oasis tendent à disparaître sous les flots envahissants des dunes; les plus importantes, de Gabès, de Tozeur et de Nefta, et aussi les plus menacées, ont été l'objet de travaux de défense pour arrêter la marche des sables.

Dans un avenir prochain, toutes les richesses forestières de la Tunisie seront en exploitation et deviendront un des meilleurs revenus du pays.

MÉTÉOROLOGIE. — Une commission météorologique a été instituée au commencement de l'année dernière sous la Présidence du Directeur Général des Travaux Publics, pour réunir et coordonner les observations faites sur les différents points de la Régence. De nouvelles stations, pourvues d'instruments enregistreurs, ont été créées, de manière à couvrir le territoire d'un réseau suffisamment complet et établi d'une manière rationnelle. Les observations sont faites par les agents des stations militaires, par ceux des Postes et Télégraphes, des Travaux Publics, et par des particuliers qui veulent bien prêter leur concours.

Le service peut, dès maintenant, fournir des indications utiles au public, et notamment aux agriculteurs et aux marins.

Des dépêches télégraphiques provenant des principaux ports de la Régence et de la Méditerranée sont affichées journellement aux bureaux de poste de la côte.

RÈGLEMENT DIVERS. — Depuis 1887, la Direction Générale des Travaux Publics a élaboré des décrets réglementant : — la procédure à suivre dans les adjudications des Travaux Publics, — les occupations temporaires de propriétés particulières, — la délimitation du domaine public, — la voirie municipale, etc.

Plusieurs autres ont été préparés et sont soumis, soit à l'examen des services locaux intéressés, soit aux Ministères de France compétents.

Nous citerons notamment celui de l'expropriation pour cause d'utilité publique,— ceux relatifs à la police de la navigation, à la pêche maritime, aux établissements incommodes et insalubres, à la délimitation de la propriété forestière.

MONTANT DES TRAVAUX. — L'ensemble des travaux exécutés pendant cette période triennale, par la Direction Générale des Travaux Publics ou avec son concours, a occasionné une dépense de 32.237.137 piastres ; — soit une moyenne annuelle de 10.745.712 piastres.

DÉPENSES DU PERSONNEL ET DU MATÉRIEL. —Si l'on compare les dépenses de personnel, de matériel et de travaux en France, en Algérie et en Tunisie, on trouve les résultats suivants :

En France, les dépenses du service ordinaire de personnel s'élèvent à 15 %, et celles de matériel à 3 % du montant des travaux.

Les mêmes dépenses, en Algérie, représentent, pour le personnel 18 %, et, pour le matériel, 2 % des dépenses afférentes aux travaux.

Il est vrai que dans les travaux exécutés sur ressources extraordinaires, comprenant surtout des entreprises dont les projets sont préparés de longue main, le personnel ne représente plus que 3 %, et le matériel 1 % du montant des travaux.

En additionnant les dépenses de personnel des services ordinaires et extraordinaires, et faisant de même pour le matériel et les travaux, on obtient une moyenne qui porte les dépenses de personnel à 8 % et celles de matériel à 2 % des dépenses des travaux.

En Tunisie, la proportion des dépenses du personnel des Ponts et Chaussées, est au-dessous de 8 %, et celle du matériel est au-dessous de 2 %.

Les frais de personnel et de matériel sont donc inférieurs même à la moyenne la plus favorablement calculée des chiffres de la Métropole et de l'Algérie. Ils sont de plus de la moitié au-dessous des frais faits dans ces deux cas, pour le service ordinaire.

Administration Générale.

Le Secrétariat Général du Gouvernement Tunisien comprend l'administration indigène et sa surveillance par le Contrôle Civil, — la police administrative indigène, — la surveillance de la Djemaïa des Habous, — le service administratif de la gendarmerie française et de la gendarmerie indigène (oudjaks), — l'administration pénitentiaire, — les rapports du Gouvernement avec les représentants des intérêts agricoles ou industriels, — le service de santé, — l'hygiène publique, — la direction centrale des Municipalités de la Régence, — la justice civile et criminelle indigènes.

La correspondance du Secrétariat Général, à l'arrivée ou au départ, peut donner une idée de la vie administrative du pays.
Cette correspondance a été inscrite :
En 1887, pour................... 23.005 pièces.
En 1888, pour................... 26.168 »
En 1889 (16 Décembre) pour..... 36.263 »
Soit, en trois ans, une augmentation de plus de 57 %.

Les frais du personnel appelé à traiter ce nombre considérable d'affaires étaient :
En 1887-88 (année 1305) de 530.144 piastres.
          Ils ont été portés :
En 1888-89 (année 1306) à 564.264 piastres ;
En 1889-90 (année 1307) à 584.074 piastres ;
soit seulement une augmentation de près de 54.000 piastres, ou environ 10 %.

Les principales mesures se rapportant à l'administration

indigène et à la police générale du territoire, prises dans le cours des trois dernières années, sont les suivantes :

1° Délimitation complète de la frontière algérienne-tunisienne, depuis la mer jusqu'à l'extrême sud ; opération aujourd'hui terminée ;

2° Délimitation des territoires contestés par diverses tribus voisines, dans les Fraichiches, les Ouled Ayar, le pays de Kairouan, etc.; d'autres délimitations sont à l'étude;

3° Réunion de petits caïdats comprenant des populations de même origine ; sectionnement de grands commandements indigènes, véritables fiefs où le contrôle s'exerçait mal ;

4° Réorganisation toute récente des khalifaliks ;

5° Recensement général des fractions des diverses tribus; cet important travail a été rendu possible par le rattachement aux territoires sur lesquels elles vivent des fractions qui, par leurs origines, sont étrangères à ces territoires; quand ce recensement sera achevé, — et les éléments en sont aujourd'hui réunis, — on se rendra un compte exact de la population, de sa richesse, de ses moyens d'existence; et l'administration du pays en sera sensiblement facilitée ;

6° Suppression graduelle des exemptions d'impôt ou du service militaire accordées autrefois à un grand nombre de Zaouïas ;

7° Réorganisation des circonscriptions territoriales des Cadis et dès Medjless de l'intérieur ;

8° Retrait, par Décret du 31 Juillet 1887, de la concession accordée à la Compagnie Franco-Anglo-Tunisienne, pour l'exploitation de l'alfa ; déclaration que l'arrachage et le commerce de l'alfa sont libres ;

9° Afin de parer aux effets de la sécheresse en 1888, des avances de semences ont été faites aux cultivateurs;

10° Au cours de cette année, une redoutable invasion de sauterelles a été combattue avec efficacité.

L'administration indigène a eu beaucoup à se louer de l'action que les contrôles civils ont exercée sur elle.

L'institution des contrôles, créée par Décret du Président de la République en date du 4 Octobre 1884, ne comprenait à l'origine (Décret du 1er Novembre 1884) que 6 circonscriptions. Ce nombre est maintenant de 13, plus trois chefs-lieux de suppléance.

Un oudjak, ou corps de gendarmes indigènes, a été créé auprès de chaque contrôle.

Cette force indigène comprend au total 368 hommes, armés et équipés aux frais de l'État.

Elle a permis de supprimer presque partout les cavaliers au service particulier des caïds, qui commettaient bien des exactions difficiles à réprimer.

En outre de leur service de surveillance du territoire, d'arrestation de criminels, de contrainte vis-à-vis des débiteurs récalcitrants, les cavaliers de l'Oudjak prêtent sur beaucoup de points leur concours à l'office des Postes et Télégraphes dont ils ont facilité l'extension.

La gendarmerie française, qui est surtout à la disposition des autorités judiciaires françaises, a été développée.

Au 1er Janvier 1887, elle comptait 17 brigades, dont 7 à pied et 10 à cheval. Le nombre des brigades est aujourd'hui de 23, dont 9 à pied et 14 à cheval.

L'Administration des biens habous a été améliorée.

Divers décrets ont réglementé la mise à enzel des immeubles habous, en vue de favoriser la colonisation; on a cherché, notamment par le décret du 22 Juin 1888, à assurer l'entière liberté des enchères et à éloigner les spéculateurs qui n'avaient pas pour but la mise en valeur immédiate des biens habous.

En trois ans, il a été procédé à des enchères publiques

sur 348 propriétés habous, dont 121 propriétés rurales représentant une superficie approximative de 8.500 hectares. Les rentes enzel payées par ces 348 adjudicataires représentent pour la Djemaïa un revenu de 256.815 piast.

Nos compatriotes sont ceux qui profitent le plus de ce moyen peu coûteux de coloniser et de mettre en valeur le sol de la Régence. En effet, plus de la moitié de cette surface (56 %) est cultivée par des Français; un cinquième (20 %) est entre les mains de musulmans indigènes; un huitième (13 %) a été pris par des Français associés à des indigènes, signe excellent de l'union qui existe entre nos compatriotes et les tunisiens.

Le régime pénitentiaire a subi des transformations qui étaient indispensables.

Afin d'éviter de grandes agglomérations de détenus, la plupart des prisons et des geôles ont été aménagées et affectées aux condamnés à courtes peines.

Des prisons établies à Sousse, à Nebeul et au Bardo, reçoivent des condamnés qui, auparavant, encombraient la prison de Tunis.

Un bagne est en construction à Porto-Farina. Une partie de la main-d'œuvre a été fournie par les condamnés qui y sont déjà partiellement installés. Cet établissement qui s'achève, recevra les forçats de La Goulette, dont la vue frappait tristement les voyageurs à leur débarquement.

Depuis trois ans, des décrets ont prononcé l'adhésion de la Tunisie aux conventions internationales qui régissent la propriété industrielle, commerciale, littéraire et artistique. D'autres ont réglementé la délivrance des brevets d'invention et la protection des marques de fabrique.

Ces décrets répondaient à de véritables besoins. En quelques mois, le Gouvernement a reçu 6 demandes de brevets. En moins de trois semaines, il a reçu 23 dépôts de marques commerciales ou de fabrique.

Un décret du 16 Août 1887 a supprimé le cautionnement auquel la presse périodique était assujettie.

Un autre décret du 15 Septembre 1887 a réglementé le droit d'association.

Le Gouvernement Tunisien a cherché à étendre les relations commerciales du pays en prenant part à l'Exposition Universelle de Barcelone en 1888 et à l'Exposition Universelle de 1889.

On sait le succès obtenu par la Section Tunisienne dans ces deux Expositions, et notamment à celle de Paris.

Le Gouvernement n'a pas hésité à engager des dépenses qui auront atteint neuf cent mille piastres.

Il a été soutenu et éclairé par des Comités locaux dont l'intelligence et l'activité ont amené d'éclatantes réussites.

Nous avions à Paris 362 exposants ;

Nous avons obtenu : 7 grands prix,
                      30 médailles d'or.
                      72 médailles d'argent,
                      74 médailles de bronze,
                      51 mentions honorables ;

Soit 234 récompenses.

Nous devons des remercîments à tous ceux qui nous ont valu ces résultats : au Gouvernement de la République, aux exposants, au Comité Tunisien et à ses présidents, Si Mohamed Djellouli et M. Regnault ; à notre brillant architecte lauréat, M. Saladin, au dévouement de nos jurés, au zèle ardent et à l'expérience consommée de notre Commissaire-délégué, M. Charles Sanson.

Le service de Santé Maritime a été complété en 1888 par l'installation du Lazaret de Carthage, à la tête duquel est placé un docteur en médecine, correspondant de l'Institut, Directeur.

Les garanties désirables pour la santé publique sont maintenant réalisées par les décrets qui ont réglementé l'exercice de la médecine et de la pharmacie, — institué un Conseil Central d'Hygiène Publique, — réorganisé le Service de la Vaccination Publique, — déterminé les conditions sous lesquelles les exhumations et le transport des restes mortels des décédés pouvaient être autorisés, — assuré les inhumations des européens dans les centres de population où les Municipalités ne pouvaient y pourvoir.

La Régence compte, présentement, 7 Municipalités de plein exercice, 7 Commissions Municipales, et une commission chargée du balayage et de l'éclairage ; d'autres commissions de cette sorte sont en voie de formation.

Les ressources des Municipalités ont été augmentées par l'abandon qui leur a été consenti par l'État de diverses taxes d'un caractère communal ; ainsi le Gouvernement a diminué ses ressources et son action propre en faveur de l'action communale.

Les ressources des 7 communes actuelles se sont élevées de 3.928.067 piastres, chiffres de 1304, à 4.365.095 piastres, chiffres de 1307 ;
Celles des 7 commissions municipales, dont 5 de formation récente, se montent à 295.550 piastres.

Ainsi s'atteste le développement des villes de la Régence.

La plus grande partie de ces ressources a été employée en travaux communaux, construction de 6 abattoirs, de marchés, alimentation hydraulique, nivellement et entretien des voies publiques, réfection et réparation des égouts.

Le territoire communal est presque partout exactement délimité.

Les services de la Police ont été reconstitués et mis en bon état.

Un décret du 18 Juillet 1889 autorise les Municipalités à constituer des corps de Sapeurs-Pompiers. Un de ces corps est en voie de formation à Tunis.

· Les Municipalités du Kef et de Nebeul subventionnent des services de voitures publiques reliant la première de ces villes à Souk El Arba, et la seconde à Tunis. La ville de Bizerte vient de préparer le cahier des charges d'un service analogue destiné à la relier à Tunis, et qui sera bientôt adjugé.

Les Municipalités secondent aussi la tâche de la Direction de l'Enseignement. Elles subviennent au loyer des écoles, au logement des instituteurs, aux menus frais et aux dépenses de distributions de prix. Une somme approximative de 135.000 piastres a été dépensée pour ces affectations depuis trois ans.

Sept postes de médecins civils communaux ont été institués.

La justice indigène suit une marche régulière. On s'est efforcé de diminuer les lenteurs dans la solution des procès.
A la Section des Affaires Civiles....... 779 affaires étaient pendantes au 1ᵉʳ Janvier 1887.
Depuis cette époque jusqu'au 16 Décembre
1889, il aura été introduit à nouveau..... 5.859 »

au total....... 6.638 procès
dont.......... 5.344 ont reçu

leur solution par Mahrouds de S. A. le Bey. Il en reste.................... 1.292
en cours.

La Section Pénale a été réorganisée le 4 Février 1889 par l'institution d'un service d'Instruction et la répartition des affaires entre deux chambres du Tribunal, chargées, l'une des affaires criminelles, la seconde des . res correctionnelles.

Lorsque le service d'Instruction a commencé à fonctionner, il a trouvé en cours.............. 635 affaires.

Depuis cette époque il a été saisi de...... 2.166 affaires.

au total....... 2.801 affaires.

Sur ce nombre, les 2 chambres ont jugé............. 1.452 affaires

Elles en ont délibéré........ 129 »

Des ordonnances de non-lieu ont été rendues dans...... 208 »

Il a été classé jusqu'à complément d'enquête, découverte des coupables, etc., etc.... 259 » } 2.328

D'autres .... 280 »

ont fait l'objet de transactions, ou ont été jugées sommairement.

Restent en cours d'instruction..... 573 affaires.

Ville de Tunis.

Depuis trois ans, la Ville de Tunis a transformé sa physionomie et son administration.

SALUBRITÉ PUBLIQUE. — Des arrêtés promulgués en 1886 ont complété les anciennes prescriptions relatives à la propreté de la voie publique, au jet des immondices et à leur enlèvement.

Leur exécution a produit de très-bons effets. La ville a aujourd'hui un aspect qu'on n'aurait jamais cru pouvoir lui donner aussi promptement.

Le service du balayage a été créé et fonctionne d'une façon satisfaisante.

Un arrêté de Janvier 1888 a fixé les mesures de salubrité relatives à la vente de diverses denrées sur la voie publique; un autre du 29 Décembre 1888 concerne les dépôts des os et chiffons, du sang, et le séchage des peaux.

Un décret du 3 Janvier 1889 a institué un Conseil Central d'Hygiène publique et de salubrité dont la ville retirera de grands profits. Un autre décret du 24 Novembre 1889 a réglementé le service de la voirie.

Les études d'un réseau complet d'égouts sont terminées.
Dès que ses ressources financières le lui permettront, la ville commencera l'exécution de ce réseau nécessaire au bien-être de la population.

SÉCURITÉ PUBLIQUE. — Le service de la police a été réorganisé et son personnel augmenté.

Un Commissariat aux Délégations Judiciaires vient d'être créé.

L'éclairage de la ville, qui contribue beaucoup à la sécurité publique, est progressivement développé.

TRAVAUX COMMUNAUX. — L'avenue de la Marine est maintenant achevée et toute complantée d'arbres.

D'autres rues de la ville et les cimetières ont reçu aussi des plantations.

La pépinière municipale, quoique de création récente, a presque suffi, et suffira largement, dans l'avenir, pour fournir les diverses essences d'arbres que nécessitent les plantations.

Plusieurs voies publiques ont été améliorées ou reconstruites. D'autres ont été percées et livrées à la circulation : rues de Russie, de Danemark, de Norwège, d'Athènes, place de la Goulette.

Les travaux communaux d'utilité et d'embellissement prendront un nouvel essor, si la ville est autorisée à contracter l'emprunt qu'elle a projeté.

FINANCES. — L'état des finances de la ville va s'améliorant, quoique la rentrée des taxes n'ait pas encore une marche normale, au moins en ce qui concerne les arriérés.

Néanmoins, le budget de la ville pour 1307, bien que les évaluations de recettes aient été diminuées en prévision de non-valeurs, et que celles des dépenses aient été majorées, se solde par un excédent de recettes. Aussi ses ressources lui permettent-elles de gager solidement l'emprunt de 5,500,000 piastres qu'elle demande à contracter pour payer les acquisitions de terrains qu'elle a faites depuis trois ans, et pour entreprendre des travaux urgents.

IMPOTS MUNICIPAUX. — La vie municipale ne va pas sans charges pour la population. Il est impossible d'administrer, d'avoir une police, des règlements, de l'éclairage, du pavage, de la propreté, sans prélever des taxes.

A Tunis, ces taxes ont été successivement portées à 10 % de la valeur locative ; elles comprennent la taxe foncière, le balayage et le curage des égouts ; elles sont payables par les propriétaires.

A Alger, ces mêmes taxes s'élèvent à 12 % et sont payables par les locataires.

RELEVÉ DES PROPRIÉTÉS BATIES DEPUIS TROIS ANS. — En 1304, et dans les quartiers Bab-Djezira, la Médina, Bab-Souika et européen, il y a eu 15 constructions.

On en a compté 33 en 1305 et 17 en 1306.

Les reconstructions ont été au nombre de 235 en 1304, de 127 en 1305, et de 59 en 1306.

Naturalisation.

L'acquisition de la nationalité françaises, a été facilitée aux étrangers résidant en Tunisie par un décret du Président de la République en date du 29 Juillet 1887.

Ce décret les admet à solliciter la naturalisation française, à la condition de justifier de 3 années de séjour dans la Régence ; le délai est réduit à un an pour ceux qui ont rendu à la France des services exceptionnels.

Les formalités à remplir sont des plus simples : il suffit d'adresser au Contrôleur Civil une demande accompagnée des pièces nécessaires pour établir l'âge et la nationalité du requérant.

Les droits de sceau sont très modérés : 50 francs.

Les agents attachés au service de la France et des diverses administrations tunisiennes en sont exempts.

Depuis la promulgation du décret, 106 naturalisations ont été accordées, se répartissant comme suit, d'après la nationalité d'origine des postulants :

Anglo-Maltais	34.
Italiens	33.
Alsaciens-Lorrains et Allemands	10.
Suisses	8.
Espagnols	6.
Grecs	3.
Bulgares	3.
Nationalités diverses	3.
Tunisiens	6.
TOTAL	106.

Cinquante demandes, environ, ont été écartées; 27 sont à l'instruction.

Postes et Télégraphes.

L'office postal et télégraphique est devenu autonome le 1er Juillet 1888.

L'effet de cette mesure a été non pas de modifier la nationalité du personnel, qui est resté français, mais d'affranchir l'Office de la réglementation de la métropole, qui était incompatible avec les besoins et la situation d'un pays si différent de la France.

Libre d'agir sous sa responsabilité, l'Office a pu se mouvoir en utilisant tous les moyens quelconques qu'il avait à sa portée.

Nous allons comparer ce qu'il était il y a dix-huit mois à ce qu'il est aujourd'hui.

Il y a 18 mois, le trajet quotidien des courriers sur chemins de fer et sur route était de 2.153 kilomètres ; il est aujourd'hui de 2.960 kilomètres ; soit une augmentation de 37 %.

Il y a 18 mois, il existait dans la Régence 27 recettes des Postes et 9 distributions.

Nous avons aujourd'hui 46 recettes ; soit une augmentation de 70 %, — et 81 distributions ; soit une augmentation de 900 %.

Encore faut-il-noter que six recettes sont en préparation à Grombalia, Maktar, Souk-el-Khemis, Djemmal, Testour et Teboursouk.

La longueur des lignes aériennes télégraphiques a été augmentée de 10 %, ayant passé de 1.969 kil. à 2.175 kilomètres.

La longueur des fils aériens s'est accrue de 13 % ayant passé de 3.520 kil. à 3.987 kilomètres.

Nous avions 6 gares ouvertes à la télégraphie privée; — nous en avons 9.

Nous avions 26 bureaux télégraphiques; — nous en avons 49. Soit une augmentation de 48 %, et non compris 6 en préparation à Soliman, Maktar, Souk-el-Khemis, Djemmal, Testour et Teboursouk.

Mais ce qui importe le plus, est de voir quels résultats à produit l'augmentation de nos moyens d'action.

Nous allons comparer les résultats de l'exploitation de deux années, celle qui a précédé l'autonomie de l'Office, du 1er Juillet 1887 au 30 Juin 1888, et celle qui vient de s'achever, — 13 Décembre 1888 au 12 Décembre 1889.

Dans la première, le nombre des objets de correspondance, départ et arrivée, avait été de 3.800.000.
Il s'est élevé dans la seconde année, au chiffre de 6.500.000 ; — soit une augmentation de 71 %.

Dans la première année, les guichets du service avaient reçu 129.000 mandats ayant une valeur de 8.387.000 francs.
Dans la deuxième, on a présenté à l'Office 156,000 mandats ayant une valeur de 10,234,000 francs.

Dans la première année, il y avait eu 13,079 chargements, ayant une valeur de 6,913,000 francs.
Dans la deuxième, les chargements sont au nombre de 14,578 avec une valeur de 8,150,000 fr.; soit des augmentations de 21, 14, 12 et 18 %.

D'une année à l'autre, le nombre de télégrammes monte de 521,000 à 536,000.

Le produit des Postes monte de 228,000 à 331,000 francs. Soit une augmentation de 45 %.

Le produit des télégraphes est cependant stationnaire, et même un peu en baisse, à raison de la diminution de la correspondance étrangère.

Il n'est pas indifférent d'ajouter que le nombre des livrets de la Caisse d'Épargne s'est accru d'une année à l'autre de 885 à 1,312 ; soit une augmentation de 48 %.

Le montant des versements et remboursements à la Caisse d'Épargne, s'est élevé de 721,000 à 1,054,000 fr. ; soit une augmentation de 46 %.

L'avoir des déposants a passé de 349,000 à 605,000 fr. ; soit une augmentation de 73 %.

Nous avons cru intéressant de noter le mouvement des correspondances de la Tunisie, comme pouvant donner une indication sûre de l'orientation du pays pour ses rapports privés et commerciaux.

Les chiffres sont obtenus, suivant les règles internationales, par le comptage pendant 10 jours, du 11 au 20 Novembre de chaque année, de tous les objets de correspondance, et par leur classement régulier.

Voici nos constatations pour 1888 et 1889 :

Expéditions en France : lettres et cartes, 648,000 en 1888 ; 793,000 en 1889 ;

Journaux et imprimés envoyés en France : 116,000 en 1888 ; 140,000 en 1889 ;

Échantillons et marchandises : 19,000 en 1888 ; 15,000 en 1889 ; diminution provenant certainement de l'Exposition Universelle.

Le progrès est encore plus marqué pour les objets reçus de France.

Les lettres et cartes venant de France passent, d'une année à l'autre, de 776,000 à 860,000 ; les journaux et imprimés passent de 636,000 à 1,000,000; les échantillons de marchandises passent de 11,000 à 47,000.

L'accroissement est moins fort, mais cependant sensible, pour nos échanges avec l'Algérie.

Au contraire la diminution est considérable avec l'Italie.

Petite diminution sur les relations avec l'Allemagne, l'Autriche et l'Angleterre; accroissement avec Malte et la Suisse.

L'office postal et télégraphique a un personnel de cent agents français détachés du cadre métropolitain. Il occupe, en outre, 19 receveurs, dont 14 instituteurs, 2 pères blancs, 1 militaire, 1 chef de gare et 1 receveur des Douanes tunisiennes; —15 commis français; —41 facteurs, dont 24 indigènes; —81 distributeurs, dont 3 colons, 3 militaires, 9 chefs de gare, 1 receveur des Douanes tunisiennes, 1 gardien chef de prison et 64 indigènes; — 74 cavaliers indigènes; — 3 services de voitures.

Son budget aura été de 656.000[f]. de dépenses en 1306, avec une insuffisance de recettes d'environ 18.000 fr. La dernière année du précédent service avait laissé un déficit de 54.000 fr. sur un budget de 590.000 fr. en dépenses.

Vous penserez certainement avec moi Messieurs, que nous ne saurions trop louer l'activité et l'ingéniosité déployées dans ce service.

Les résultats obtenus ont dépassé toute attente.

Depuis deux ans, la Compagnie Transatlantique, à qui nous exprimons notre reconnaissance, a triplé ses transports entre Marseille et Tunis.

Enseignement public.

Développer dans ce pays l'enseignement à tous ses degrés, mettre l'instruction à la portée de tous, amener le plus grand nombre possible d'indigènes dans nos écoles, afin de faciliter les relations entre eux et les Français,— telles ont été, dans le domaine de l'enseignement, nos préoccupations.

Au mois de Décembre 1886, il y avait en Tunisie 36 établissements scolaires publics et 5 privés donnant un enseignement français.

Il y a aujourd'hui 69 écoles publiques et 6 écoles privées.

Pendant l'année scolaire 1885-1886, le nombre des élèves qui ont fréquenté nos écoles avait été de 4,349.

En 1889, nous avons eu 8,702 enfants, dont 5,681 garçons et 3,021 filles.

Nous comptions, en 1886, 64 instituteurs ou institutrices congréganistes et 68 laïques.

Nous avons présentement 65 maîtres ou maîtresses congréganistes et 153 laïques.

Nos cours d'adultes ont été fréquentés, en 1889, par 528 étudiants (180 européens et 348 indigènes).

Le nombre des auditeurs qui ont suivi les cours de la chaire publique d'arabe de Tunis, s'est élevé à 81 en 1889 ; il n'était que de 32 en 1886.

Le nombre des inscriptions aux différents examens de fin d'année, certificats d'études primaires, brevets, baccalauréats, diplômes d'arabe, a été de 836 en 3 ans.

Le budget de notre Direction de l'Enseignement était de 473,500 piastres en 1886 ; il est de 784,485 piastres pour l'exercice courant, et différentes dépenses s'élevant à plus de 50,000 piastres ont été mises à la charge des Municipalités.

En ajoutant à ces sommes les ressources dont dispose l'Administration du Collège Sadiki, on constate que 1,100,000 piastres environ sont consacrées à l'Enseignement.

Ces chiffres marquent éloquemment la progression de nos établissements scolaires, et le prix que le Gouvernement attache à répandre les bienfaits de l'instruction, et l'empressement des populations à recueillir le fruit de nos efforts et de nos sacrifices.

Parmi les principales mesures administratives prises depuis trois ans, nous citerons :

La publication d'un programme général des écoles primaires ;

La fondation d'un Bulletin de l'Enseignement public ;

La création d'examens d'arabe ;

La loi sur l'Enseignement Public dans la Régence ;

La création d'un Cours Public de dessin ;

La fondation d'ateliers à l'École Normale pour l'enseignement du travail manuel ;

La création d'un école secondaire de filles à Tunis ;

Le classement de nos institutrices ;

La transformation du Collège Saint-Charles en lycée.

L'école secondaire de jeunes filles, située rue Al-Djezira, dans le local occupé précédemment par la Municipalité de Tunis, sera transférée dans un bâtiment que nous allons faire construire, rue de Russie. Les plans de cet édifice scolaire sont terminés ; les travaux de construction seront adjugés dans quelques semaines.

Quant au Lycée, que les circonstances nous out amenés à établir, après d'amiables conventions avec son Éminence le Cardinal Lavigerie, profitables au clergé français des paroisses tunisiennes, nous fondons sur son développement de grandes espérances. Sa population est de 271 élèves, quoique la maîtrise et le petit-Séminaire de Carthage se soient constitués en lui prenant presque tout leur recrutement.

Antiquités et Arts.

Le service des Antiquités et des Arts ne date que de 1885, et n'est guère entré dans la période d'action que pendant ces trois dernières années.

Créé et organisé par décrets des 8 Mars 1885 et 12 Janvier 1886, il a été chargé d'appliquer le Décret du 1er Djoumadi El-Tani (7 Mars 1886), relatif à la propriété et à la conservation des objets d'art et des antiquités, et de former au Bardo un Musée dont l'installation a été décidée par Décret du 25 Mars 1885.

De plus, le directeur de ce service est délégué du Ministère de l'Instruction Publique et des Beaux-Arts près la Résidence Générale, pour prendre soin des œuvres et fondations de ce Département dans la Régence qui n'ont pas un caractère pédagogique, c'est-à-dire des Missions Scientifiques et de la Bibliothèque Française.

BIBLIOTHÈQUE FRANÇAISE. — Malgré son installation encore provisoire dans une salle de l'École Normale, et sa dotation très-insuffisante, (1000 P. par an), la Bibliothèque qui est destinée à servir, non plus à la lecture populaire, mais aux recherches scientifiques, peut être déjà utilement consultée.

Elle contient environ 4,000 volumes et s'augmente rapidement par les envois du Ministère de l'Instruction Publique.

Elle est abonnée à 40 périodiques et possède un double catalogue, alphabétique et méthodique.

Elle est une des plus riches qui existent en ouvrages spéciaux sur l'Afrique, provenant de la succession de M. Ch. Tissot, de l'Institut.

MISSIONS SCIENTIFIQUES ET ARCHÉOLOGI-
QUES. — L'exploration de la Régence, au point de vue des
sciences naturelles, demeure confiée à M. le docteur
Cosson([1]), de l'Institut, qui dirige tout un groupe de jeunes
savants formé à cet effet.

Les missions historiques et archéologiques sont ratta-
chées au Service des Antiquités et des Arts.
Les principales ont été, depuis trois ans, exécutées par
MM. Cagnat, professeur au Collège de France; Saladin, architecte; Hamy, Directeur du Musée du Trocadéro. Leurs
résultats sont publiés par les soins du Ministère, dans les
« Archives des Missions. »

Une Commission spéciale, sous le nom de « Commission
de Tunisie, » assure la publication des documents rassem-
blés par le délégué à Tunis; elle dispose d'une section dans
le « Bulletin du Comité des Travaux Historiques. »

Le Service lui-même est d'ailleurs considéré comme une
mission permanente en Afrique, et, à ce titre, est, en majeure partie, rétribué sur les fonds des missions.

SERVICE DES ANTIQUITÉS. — Le personnel se
compose d'un directeur, deux attachés, deux auxiliaires,
deux agents inférieurs, un gardien du Musée et un
chaouch.
L'un des attachés remplit les fonctions de Secrétaire et
est bibliothécaire de la Bibliothèque française; l'autre est
Conservateur du Musée.

---

(1) Nous avons la douleur d'apprendre, au lendemain du 1er Janvier, que
M. Cosson est décédé. C'était un savant dévoué à la Tunisie, et qui avait
consacré ses dernières années à dresser l'inventaire des richesses naturelles
du pays.

LOI TUNISIENNE. — Le décret du 7 Mars 1886 qui règle la propriété et le régime des Antiquités et objets d'Art dans la Régence, part du principe que le droit de propriété exercé sur les objets de cette nature comme sur tous autres, ne va pas toutefois jusqu'à la faculté de détruire ou d'exporter sans autorisation.

Beaucoup plus libérale que les lois grecque, turque ou italienne, cette législation a paru assez appropriée aux conditions du pays pour que la loi française, votée en 1887, ne se soit pas appliquée au territoire tunisien.

CONSERVATION, FOUILLES ET TRAVAUX. — Indépendamment de l'application de cette loi, le service s'est donné comme tâche de faire l'inventaire et la carte archéologique de la Régence; œuvres de très-longue haleine qui sont en cours d'exécution.

La conservation des monuments, grâce à MM. les contrôleurs Civils, est relativement assurée.

Des encouragements, des subventions, des récompenses ont été donnés au Musée de Carthage, à certaines collections, à certains chercheurs, à des officiers dont le concours a été très-précieux.

Chaque année les fonds disponibles sont employés à un travail ou à une fouille d'importance.

En 1887 on a enlevé et transporté la grande mosaïque de Sousse représentant le cortège de Neptune, l'opération de ce genre la plus considérable qui ait encore été accomplie.

En 1889, on a fouillé le sanctuaire de Saturne, à Thiguica, qui a fourni plus de 400 stèles votives.

En 1889, on a exploité la nécropole de Bulla Régia.

En 1890, grâce à une généreuse subvention de la ville de Paris, on sera en mesure d'aborder de plus grandes recherches.

MUSÉE ALAOUI. — Le musée Alaoui a été installé au Bardo dans l'ancien harem du Bey Mohamed, monument d'art tunisien moderne fort intéressant, dont la conservation est, par là même, garantie.

Inauguré le 7 Mai 1888, cet établissement contient déjà de riches collections : 300 inscriptions, 50 statues, 50 membres d'architecture présentant de l'intérêt, 500 lampes romaines environ, et plusieurs milliers d'objets divers.

L'antiquité romaine n'y est pas seule représentée ; l'art et la langue punique, l'art et la langue lybique y comptent de nombreux monuments.

La collection de mosaïques, comprenant plusieurs pièces uniques, et la plus grande connue, est une des premières du monde ; aucun musée de France n'en a l'équivalent.

Le catalogue sera terminé en 1890, en même temps que le rangement définitif et l'étiquetage des collections.

PUBLICATIONS. — Grâce à la libéralité de S. A. le Bey, du Ministère de l'Instruction Publique et de l'administration des Beaux-Arts, le service s'est trouvé en état de commencer un ouvrage destiné à mettre sous les yeux des artistes, des savants, des gens du monde, qui ne font pas le voyage de Tunis, les principales richesses du musée. Les collections du musée Alaoui sont une publication de luxe scientifique, dont les premières livraisons viennent de paraître, et qui sera continuée au fur et à mesure de l'accroissement de nos séries.

BEAUX-ARTS. — Le Service des Antiquités et des Arts ne limite pas son activité au domaine du passé.

En 1888, en même temps que le Concours Agricole de l'Exposition Scolaire, une exposition de Beaux-Arts, la première que la Régence ait vue, a été inaugurée avec un véritable succès, encourageant les Artistes de la métropole, et leur enseignant le chemin de la Tunisie.

De plus, parmi les industries de ce pays, plusieurs sont de vraies industries d'art, et presque toutes sont oubliées ou en voie de l'être. Il est urgent de les empêcher de disparaître, ou de les faire revivre si elles ont disparu. A côté donc de l'Enseignement technique et du travail manuel que la Direction de l'Enseignement a inaugurés, il y a lieu de rechercher si une impulsion artistique ne pourrait pas être donnée, qui rendît aux produits tunisiens leur ancienne valeur esthétique, et pût attirer l'attention et les commandes de l'Europe.

La mosaïque, la céramique décorative, le stuccage, le plâtre découpé, le bois taillé et peint, pourraient redevenir les éléments d'une production sérieuse.

Le Service s'est efforcé d'en faire naître l'idée en introduisant à l'Exposition Universelle des spéciments remarquables de ces industries.

Il va même essayer, dans ses ateliers du Bardo, de créer des ouvrages capables de soutenir la comparaison avec ceux des meilleures époques.

EXPOSITION UNIVERSELLE. — Les collections exposées par le Service, ne rentrant pas dans le cadre des produits proprement dits, n'étaient pas susceptibles de récompenses.

Néanmoins, des médailles d'or ont été attribuées à deux de ces expositions, celles des missions archéologiques et celle du Musée de Carthage.

Des diplômes spéciaux seront donnés pour reconnaître la coopération des personnes qui ont prêté leurs soins ou confié leurs collections.

Le groupe I tout entier dépendait du Service des Antiquités et des Arts, qui y a été naturellement le principal exposant.

Les panneaux de faïence exposés par lui dans le Patio ; la grande mosaïque qui faisait le pavement de ce local ; dans les 4 salles consacrées au groupe, les vitrines renfermant les collections du Musée Alaoui, riches en objets uniques ; la reconstitution d'un tombeau de Carthage ; les planches relatives à l'ancien aménagement des eaux ; les modèles en relief des monuments de Dougga et de Sbeitla, — ont vivement intéressé le monde savant et artistique, et obtenu de l'Institut le témoignage le plus flatteur.

Plusieurs de ces œuvres, antiques ou modernes, resteront à Paris comme un souvenir de cette exposition, et prendront place dans les collections de la métropole.

Beaucoup d'objets de Carthage, offerts par M. le Commandant Marchant, dix stèles de Dougga, offertes par le Musée Alaoui au Musée du Louvre, ne seront pas les seuls dons faits par la Tunisie à la France, et la ville de Paris recevra une part proportionnée à sa générosité.

Justice Française.

Les Magistrals très distingués qui distribuent en Tunisie, au nom de la France, une justice impartiale et éclairée, ont redoublé d'efforts pour la rendre aussi prompte que possible.

TRIBUNAL DE TUNIS. — *Matières Civiles.* — Le Tribunal de Tunis avait rendu l'année dernière 1.844 jugements civils.

Il en a rendu cette année (au 20 Décembre) 2.227 qui se répartissent comme suit :

860 jugements contradictoires.
641 id. par défaut.
524 id. préparatoires.
202 id. dans les affaires non inscrites au rôle général, jugements sur requête.

Le nombre de jugements civils dépasse donc de plus de 400 le chiffre atteint en 1888.

Cette augmentation est d'autant plus remarquable que, pendant l'année 1888, l'arrondissement de Sousse, a fait partie, jusqu'au commencement de Juin, du ressort du Tribunal de Tunis.

Le Tribunal de Tunis n'a que deux chambres, avec un nombre de magistrats inférieur à celui des Tribunaux à deux chambres de France et d'Algérie.

La dernière statistique publiée par la chancellerie porte qu'en 1887 le Tribunal d'Alger, composé de trois chambres, a rendu 1.426 jugements. Au Tribunal de Tunis il a été prononcé près d'un millier de jugements civils de plus.

Les affaires civiles sont, avec les affaires criminelles, celles qui prennent le plus de temps aux magistrats.

Le Président du Tribunal de Tunis avait rendu, le 20 Décembre 1889, 709 ordonnances de référé.

Le Tribunal de Tunis statue encore en matière commerciale et en matière criminelle.

Matières Commerciales. — Le 20 Décembre 1889, le Tribunal de Tunis avait rendu 701 jugements commerciaux. Il en avait rendu 536 en 1888.

Les faillites déclarées à Tunis, qui étaient au nombre de 43 en 1887, n'ont pas dépassé le chiffre de 27 en 1888, et de 22 pendant l'année 1889.

Dans ce nombre total de 22 faillites, rentrent 13 faillites concernant des sujets tunisiens, d'après la jurisprudence nouvelle du Tribunal; tandis qu'en 1887 et en 1888 le Tribunal ne prononçait pas de faillites de sujets tunisiens.

Il est vrai qu'en 1889, il a été prononcé, en outre, 31 liquidations judiciaires, dont 10 concernant des sujets tunisiens.

Matières Criminelles. — Le Tribunal Criminel de Tunis, qui avait rendu, en 1888, 47 arrêts criminels s'appliquant à 66 accusés, en a rendu 56, en 1889, s'appliquant à 87 accusés.

L'augmentation proportionnelle a porté, pour l'année 1889, sur les accusés de nationalité tunisienne et sur ceux de nationalité italienne.

Il y avait 32 accusés tunisiens, en 1888; il y en a eu 48 en 1889.

Il y avait 11 accusés italiens en 1888; il y en a eu 17 en 1889.

Pour le seul arrondissement de Tunis, il a été jugé, en 1889, plus d'affaires criminelles qu'en France dans les ressorts des Cours d'Appel de Chambéry, Bourges et Grenoble.

Matières Correctionnelles. — Le 20 Décembre 1889, le Tribunal de Tunis avait rendu 570 jugements, alors qu'il n'en avait rendu que 483 en 1888.

Au point de vue de l'extension de la juridiction correctionnelle, un décret beylical du 11 Décembre 1889 a décidé que les falsifications commises par des sujets tunisiens seraient de la compétence des tribunaux français.

Justice de Paix de Tunis. — La Justice de Paix de Tunis a une importance tout-à-fait exceptionnelle; elle ne peut être assimilée à aucune Justice de Paix de France ou d'Algérie.

Le Juge de Paix de Tunis et son suppléant ont ensemble rendu, en 1889, plus de 3.000 jugements civils, et plus de 2.000 jugements commerciaux.

TRIBUNAL DE SOUSSE. — Depuis sa création, c'est-à-dire du 4 Juin 1888 jusqu'au 20 Décembre, le Tribunal de Sousse a terminé définitivement 499 affaires civiles, dont 455 dans les 3 premiers mois de leur inscription au rôle, 41 dans les 6 mois, et 3 seulement après un délai plus long.

Il a jugé, en outre, 197 affaires commerciales, dont 186 ont été terminées dans les 3 premiers mois de leur inscription au rôle.

Il est difficile de juger avec une célérité plus grande.

Au point de vue pénal, le Tribunal de Sousse a eu une tâche moins lourde ; il a cependant jugé 350 affaires correctionnelles et 21 affaires criminelles.

La police judiciaire de l'arrondissement s'exerce avec plus de rapidité et d'énergie ; la sécurité s'est notablement améliorée.

COUR D'APPEL. — Nous réclamons depuis longtemps l'installation à Tunis d'une Cour d'Appel, qui assure aux justiciables de la Régence une justice complète, prompte et peu coûteuse.

L'accord à ce sujet est établi entre les Départements des Affaires Étrangères, de la Justice et des Finances. Le projet et l'exposé des motifs ont revêtu leur forme définitive, et nous devons croire qu'ils ne tarderont pas à être soumis aux Chambres.

Armée.

Depuis le protectorat, l'armée s'est employée à assurer, pour sa part, dans la Régence, la tranquillité indispensable au développement de l'agriculture et du Commerce.

La gendarmerie a été à peu près complètement réorganisée et installée.

Le service des lits militaires a commencé à fonctionner le 1er Juillet 1888; il est maintenant établi dans toutes les places de la Tunisie, du Nord à l'extrême-Sud, et le bien-être des troupes en a été grandement accru.

Notre action militaire s'est étendue et fortifiée, surtout dans le Sud.

Jusqu'en 1887, nous avions simplement à Gabès une réserve propre à la défense locale et aux mouvements éventuels d'une colonne mobile. Un avant-poste, établi à Métameur, chez les Oughamma, était destiné à faciliter la surveillance du pays et à en compléter le système de défense.

Peu à peu, le Gouvernement de l'Arad obtint la soumission de la majeure partie des tribus composant la puissante confédération des Oughamma, et l'on réussit à isoler les fractions rebelles.

Mais nous étions encore trop éloignés de la frontière pour empêcher ces fractions insoumises, ainsi que les tribus tripolitaines voisines, d'organiser des coups de main sans cesse renouvelés contre nos partisans. Ceux-ci ne tardèrent pas à user de représailles, et, dès lors, il ne se passa guère de semaine où l'on n'eût, de part et d'autre, à enregistrer quelque fait de pillage, d'agression ou de violation de frontière.

L'audace des pillards devint telle qu'il s'avancèrent parfois jusqu'au Nord de nos postes de Métameur et de Gabès.

Dans cet état de troubles, l'impôt des tribus même quasi soumises ne rentrait plus qu'avec difficulté.

L'occupation du pays des Oughamma fut décidée, et au mois de Décembre 1887, des postes militaires étaient installés à Zarzis, chez les Accara, et à Foum Tatahouin, en plein pays Ouderna. Un petit détachement et un officier de renseignements étaient renvoyés à Douiret. Enfin la garnison de Métameur était renforcée, en même temps qu'on créait une installation pour les troupes, avec tous les aménagements qu'elle comporte.

Le Génie Militaire construisait une route reliant Métameur à Tatahouine et Zarzis, établissait le télégraphe électrique de Métameur à Tatahouine, et un fil téléphonique de ce dernier poste à Douiret. Un abri pour les convois était élevé à Bir el Hameur, entre Métameur et Tatahouine.

Pour assister et ménager nos troupes régulières, un maghzen de 80 cavaliers, porté en 1889 à 120, était mis à la disposition du commandement.

Les frais d'installation des troupes dans les postes du Sud, ainsi que l'entretien du Maghzen, sont supportés par le Budget de la Régence ; les installations en cours d'exécution auront été effectuées dans de bonnes conditions.

Le système adopté a produit ce qu'on en attendait.

D'abord étonnées de nous voir prendre pied au milieu d'elles, les populations du Sud se sont peu à peu rapprochées des agents du commandement Français, et se sont pliées, sans trop de résistance, aux justes exigences de leur Gouvernement.

Déjà les razzias de tribu tunisienne à tribu tunisienne, et les coups de mains autrefois si fréquents des deux côtés de la frontière entre Tunisiens et Tripolitains, sont devenus de rares exceptions.

Une véritable ère de paix a commencé pour cette région jadis si agitée.

Assurées de ne pas être l'objet de représailles, les fractions dissidentes ont successivement réintégré le sol tunisien, et, du commencement de 1888 à la fin de 1889, près de 1.800 tentes, soit environ 9.000 individus, sont ainsi rentrés dans leur pays d'origine, ne laissant derrière eux qu'un très petit groupe de gens tellement compromis, qu'il leur paraît difficile de se soumettre.

En même temps que le pays a recouvré la tranquillité, l'ordre s'est établi au point de vue administratif. C'est ainsi que l'on a pu poursuivre régulièrement l'établissement et le recouvrement de l'impôt chez les Oughamma qui, jusqu'en 1888, avaient très mal payé les redevances auxquelles ils sont assujettis.

D'autre part, se sentant, protégés et soutenus, les chefs indigènes, au lieu d'être, comme par le passé, les simples exécuteurs des décisions prises par les assemblées de tribu, sont arrivés à faire exécuter les décisions de l'autorité, trop souvent méconnue jusque là.

Certains de ne pas être dépouillés du jour au lendemain, par une razzia ou un coup de main, les indigènes de la région ont donné à leurs cultures, dans les trois dernières années, une extension qu'elles n'avaient jamais eue, et, favorisés par les pluies, ils ont eu d'abondantes récoltes.

Le mouvement commercial a également repris, surtout avec la côte. Il s'est traduit par un développement appréciable du centre européen de Gabès qui, au début de l'occupation, en 1882, comptait une seule maison, alors qu'il se compose actuellement de plus d'une centaine de constructions et tend à se relier aux villages arabes de Djarra et de Menzel.

Nous avons pu aussi régler avec le Gouvernement Tri-politain la question des prises opérées tant par nos gens que par ceux du Vilayet. Et, résultat considérable, les tribus des deux États voisines de la frontière se sont en-gagées par acte authentique à s'opposer à tout nouveau coup de main, et s'en sont rendues responsables.

Dans d'autres régions, l'action de l'autorité militaire s'est fait non moins heureusement sentir.

Au Nefzaoua, un bordj pouvant contenir une garnison d'une quarantaine d'hommes a été élevé et sert de résidence à l'Officier de renseignements et à une petite troupe éta-blie sur ce point. Ce poste empêche les partis de marau-deurs tripolitains ou autres de pénétrer dans le Djerid et dans l'Arad.

A Sfax, la conduite d'eau aménagée par le service du Génie a permis de donner de l'eau à la population en temps de sécheresse.

Dans le cercle de Gafsa, la surveillance exercée a rapi-dement rétabli la sécurité et fait cesser des agressions menaçantes.

Sur tous les points du pays, l'esprit des troupes a été excellent. Leurs rapports avec les autorités françaises et indigènes ont toujours été inspirés par le plus pur et le plus intelligent patriotisme.

Notre armée, nous pouvons le dire avec fierté et à l'hon-neur des chefs et des soldats, ne donne à ce pays que des exemples à suivre, et elle est pour la Tunisie un puissant instrument de civilisation.

Nous envoyons aussi notre témoignage d'affectueuse gratitude au Commandant et aux officiers et marins de la station navale dont l'expérience et les services nous sont souvent utiles.

Agriculture, Viticulture, Élevage, Service Sanitaire, Vétérinaire.

Le Service est créé dans la Régence par arrêté du 28 Novembre 1887.

Dès 1888, il organise un Concours Agricole et Hippique, avec Exposition Scolaire et de Beaux-Arts pour la Tunisie et l'Algérie ; ce Concours est tenu à Tunis, du 26 Avril au 6 Mai.

L'inspection sanitaire des vignobles est effectuée.

Beaucoup de propriétés agricoles et viticoles sont visitées, et des rapports sont établis sur ces propriétés et leurs régions.

L'*Officiel* publie des rapports semestriels de l'Inspection sur l'Agriculture, l'Élevage, les Épizooties ; des rapports annuels sur la Viticulture.

Le Service se munit d'instruments propres à combattre les diverses maladies des vignes.

Il organise la défense contre les sauterelles.

Il publie un *Bulletin Mensuel Météorologique, Agricole et Commercial.*

Il aménage sept champs d'essais et d'expériences dans le Nord de la Régence.

Il met des instruments aratoires perfectionnés à la disposition des agriculteurs indigènes.

Il établit les registres de déclarations des vignobles de la Régence, et prépare la constitution du Syndicat Général obligatoire de nos viticulteurs.

Il dresse les statistiques agricoles et détermine l'état statistique des populations animales domestiques.

Il procède à des opérations pratiques de viticulture et de vinification.

Depuis le mois dernier, la direction de la culture et de l'entretien des oliviers est détachée de la Direction des Finances et lui est confiée.

Laboratoire de Chimie agricole
et industrielle de la Régence.

Le laboratoire a été créé par décret du 6 Juin 1887.
Il a été organisé par décret du 28 Novembre 1887.
Il a commencé à fonctionner à partir du 1er Janvier 1888.

Il a exécuté les dosages suivants :

      8.659   pour la vérification des substances ali-
                mentaires ;
      1.375   pour les analyses particulières ;
       520   pour les Tribunaux français ;
       150   id.   indigènes.

Au Total 10.704 dosages.

La Direction du Laboratoire a entrepris une carte agro-
nomique de la Régence.

Cent cinquante échantillons de terre ont été prélevés
dans la plaine du Mornag. Les analyses sont poussées acti-
vement, et la carte de cette région sera publiée dans le
courant de l'année 1890.

Le Service du Laboratoire s'occupe de prélever d'autres
échantillons dans les différentes parties de la Régence. Il
espère avoir terminé son travail aux premiers mois de 1891.

Le laboratoire effectue les analyses des produits alimen-
taires livrés à la Brigade d'Occupation et aux Écoles.

Aucune adjudication n'est faite sans que les échantillons
aient été reconnus bons.

Le laboratoire est mis à la disposition des colons pour
l'analyse gratuite des terres et des vins.

La Colonisation.

La Colonisation n'est pas, dans un pays de Protectorat, ce qu'elle est dans une Colonie ou un pays de conquête qui sont le prolongement de la Métropole et bénéficient des libéralités de son budget.

Dans une Colonie ou un pays de conquête, l'État possède de vastes territoires dont il peut disposer ; il distribue des terres, il crée des centres de population avec ses nationaux.

En Tunisie, rien de pareil.

Le Budget Métropolitain participe à nos dépenses, en 1890, pour une somme d'environ 160,000 francs. Il ne nous donne ni subvention, ni garantie autre que celle nominale appliquée au service de la Dette.

L'État Français n'a pas de possessions territoriales en Tunisie.

D'autre part, le budget tunisien tire profit de la location des biens domaniaux, et il n'en aliène jamais que par adjudication.

Il n'a pas de crédits pour aider les colons, soit en argent, soit en nature.

D'où il suit que les colons venus dans ce pays ont à supporter toutes les charges quelconques de leur établissement et de leur exploitation.

Il faut le dire à leur honneur ; il faut le dire aussi, peut-être, pour expliquer la vivacité de plaintes inspirées par de trop naturelles appréhensions, et l'intime sentiment des responsabilités assumées ; il faut le dire encore pour recom-

mander nos vaillants compatriotes à l'intérêt des administrations locales et du Gouvernement de la République.

La Colonisation en Tunisie a suivi d'aussi près que possible le drapeau du Protectorat.

Nous avons fait dresser un tableau résumé des acquisitions européennes dans la Régence depuis 3 ans.

Dans le Contrôle de Tunis, les européens ont acheté
13.000 hectares.

Dans le Contrôle de Bizerte, les acquisitions européennes
comprennent environ 2.000 Merdjas.

Dans le Contrôle de Nabeul 5.000 hectares.

Dans le Contrôle de Béja, 5.489 hectares.

Dans la circonscription de Medjez el Bab, 28.130 hectares.

Dans la circonscription de Souk El Arba, 965 hectares.

Dans la circonscription du Kef, 21.363 hectares.

Dans la circonscription de Kairouan, 12.960 hectares.

Dans la circonscription de Sousse, 14.188 merdjas.

Dans la circonscription de Sfax, 7.600 hectares.

Dans la circonscription de Djerba, 23 hectares 1/2.

Dans la circonscription de Tozeur, 11 hectares.

Dans le cercle de Gabès, 605 hectares.

Ce mouvement d'acquisitions est important, et nos compatriotes, y figurent pour plus des trois quarts ; mais il ne
va pas en s'accroissant autant qu'on le devrait souhaiter,
et l'on s'accorde assez à en indiquer les causes.

La Colonisation s'accommode mal d'un régime monétaire
qui lui impose, au profit des manieurs d'argent, des dépenses
d'agio et de change.

Quand elle a besoin de recourir au crédit, elle ne trouve
à sa portée que des banques privées, à ressources res-
treintes, sans déversoir pour leur papier, et que les usages
locaux autorisent à tarifier leurs prêts très-haut.

Pour l'écoulement de ses produits, la Colonisation se heurte à des taxes douanières d'exportation pour sortir de Tunisie, et d'importation pour entrer en France, qui la paralysent et la découragent.

Enfin la loi d'immatriculation, qui est la sauvegarde de ses propriétés, lui est plus onéreuse qu'elle ne l'avait prévu, soit dans son fonctionnement, soit dans ses conséquences fiscales.

C'est pourquoi les Colons ont demandé, et depuis plus de deux ans la Résidence Générale a demandé, avec eux et pour eux :

La réforme monétaire ;

Une Banque d'État procurant des prêts fonciers à bon marché ;

Une Convention Douanière avec la France ;

La réduction graduelle des taxes d'exportation, et la diminution des frais provenant de la loi d'immatriculation.

Cet ensemble de mesures est réalisable ; il ne fera pas fleurir un âge d'or idéal ; il ne dispensera pas soit du travail soit des soucis, soit des mécomptes ; mais il donnera des satisfactions fructueuses, et il mérite d'être résolument poursuivi.

Pour ne l'avoir pas encore obtenu, des impatiences se sont manifestées, et une délibération récente d'agriculteurs et de viticulteurs français, formant l'association dite du Comice agricole, a protesté contre des excès de doléances qui avaient eu quelque retentissement.

Le Comice agricole réclame, lui aussi, les réformes fondamentales que nous venons de rappeler ; mais il ne veut pas entendre dire que la Tunisie va à sa ruine, parce que c'est là une contre-vérité évidente et éclatante.

Quel pays est plus en progrès que celui dont nous venons de faire connaître les finances, l'administration, les travaux publics, les relations postales et télégraphiques, l'agriculture, l'enseignement, les arts, les municipalités et l'épargne ?

Faut-il opposer son passé à son présent ?

Le protectorat de la France l'a pris, vis-à-vis de l'Europe, en faillite et en tutelle, et depuis sept ans seulement il le refait, le constitue, l'émancipe, le civilise.

Voyons, par deux tableaux, les changements opérés :
Le premier, relevé sur les rôles de l'Achour, va marquer le relèvement indiscontinu de l'agriculture indigène.

En 1871, sous le ministère de Khéreddine, les méchias ensemencées étaient au nombre de 29.000.

Jusqu'en 1877, ce nombre a des fluctuations ne dépassant pas 55,000, et se terminant à 34,000 méchias.

Aussitôt après le protectorat, en 1884, le nombre de méchias ensemencées dépasse 55,000, et il atteint les chiffres de 62,000, 64,000, 75,000, pour retomber à 63 et 62,000 en 1888 et 1889, à la suite de sécheresses extrêmes.

Dans un second tableau, nous comparons les exportations des principaux produits agricoles à 10 années d'intervalle, en 1878 et en 1888.

En 1878, la Régence exporte 4,911 quintaux de dattes, et en 1888, 7,644 quintaux.

En 1878, exportation de 10,293 quintaux d'huile et 730 quintaux de savon ; en 1888, exportation de 73,353 quintaux d'huile et 2.543 quintaux de savon.

En 1878, exportation de 7,391 quintaux de laine ; — en 1888, de 14,759 quintaux.

En 1878, exportation de 4,768 têtes de bétail ; — en 1888, de 13,008 têtes.

En 1878, exportation de 81,761 caffis de céréales, et en 1888, malgré la sécheresse calamiteuse, ce chiffre est encore de 59,869 caffis.

Enfin, de 1887 à 1889, le vignoble tunisien a été porté de 2,500 hectares, à 4,058 hectares ; — la production de ce vignoble est allée de 10,000 hectolitres à 32,600 hectolitres.

Le pays où l'on achète, où l'on construit, où l'on récolte, où l'on commerce, où l'on échange, ou l'on épargne, dans les conditions que nous venons de dire, est en plein élan, et non en léthargie.

Des circonstances accidentelles pèsent aujourd'hui sur son marché ; une crise immobilière est survenue, à la suite de liquidations qui n'ont d'ailleurs surpris personne.

Ces jours difficiles disparaîtront, et ils ne nous empêchent pas de regarder l'avenir avec confiance.

Nous tous qui dans des postes divers servons ici la France, nous nous tenons unis pour accomplir, selon les instructions qui nous sont données, une tâche dont nous sommes très fiers ; et nous ne croyons pas pouvoir mieux remplir nos devoirs envers la France et la Tunisie, qu'en nous appliquant à seconder la colonisation ; car comment le protectorat prendrait-il des racines profondes sans la colonisation ?

Nous avons, il y a trois ans, réduit de 50 pour cent les taxes d'exportation sur le bétail ; ces taxes, conformément au vœu exprimé par le Comice agricole, achèveront de disparaître à la fin de l'exercice en cours.

Et nous recherchons, et nous réaliserons de nouvelles modérations d'impôts.

D'autre part nous sommes à la veille de l'exécution d'un réseau de chemin de fer de 349 kilomètres, dont l'achèvement ne devra pas excéder trois ans.

Les autres grandes mesures à prendre dépendent des pouvoirs publics du Gouvernement protecteur.

Des pétitions nombreuses auxquelles M. le Président de la Chambre de Commerce et M. le Président du Comice Agricole viennent de faire écho, nous ont pressés de redemander aux Chambres le vote d'une convention douanière indispensable à l'écoulement de nos produits.

Nous appuierons sans tarder ces pétitions auprès du Gouvernement.

Messieurs, mon dernier mot sera pour adresser nos respects et nos vœux à Monsieur le Président Carnot et au Gouvernement de la République, et pour souhaiter du fond du cœur, le succès de toutes les entreprises de notre chère et glorieuse patrie.

Ce discours a reçu à diverses reprises les marques d'approbation de l'assemblée, et sa péroraison a été suivie d'applaudissements prolongés.

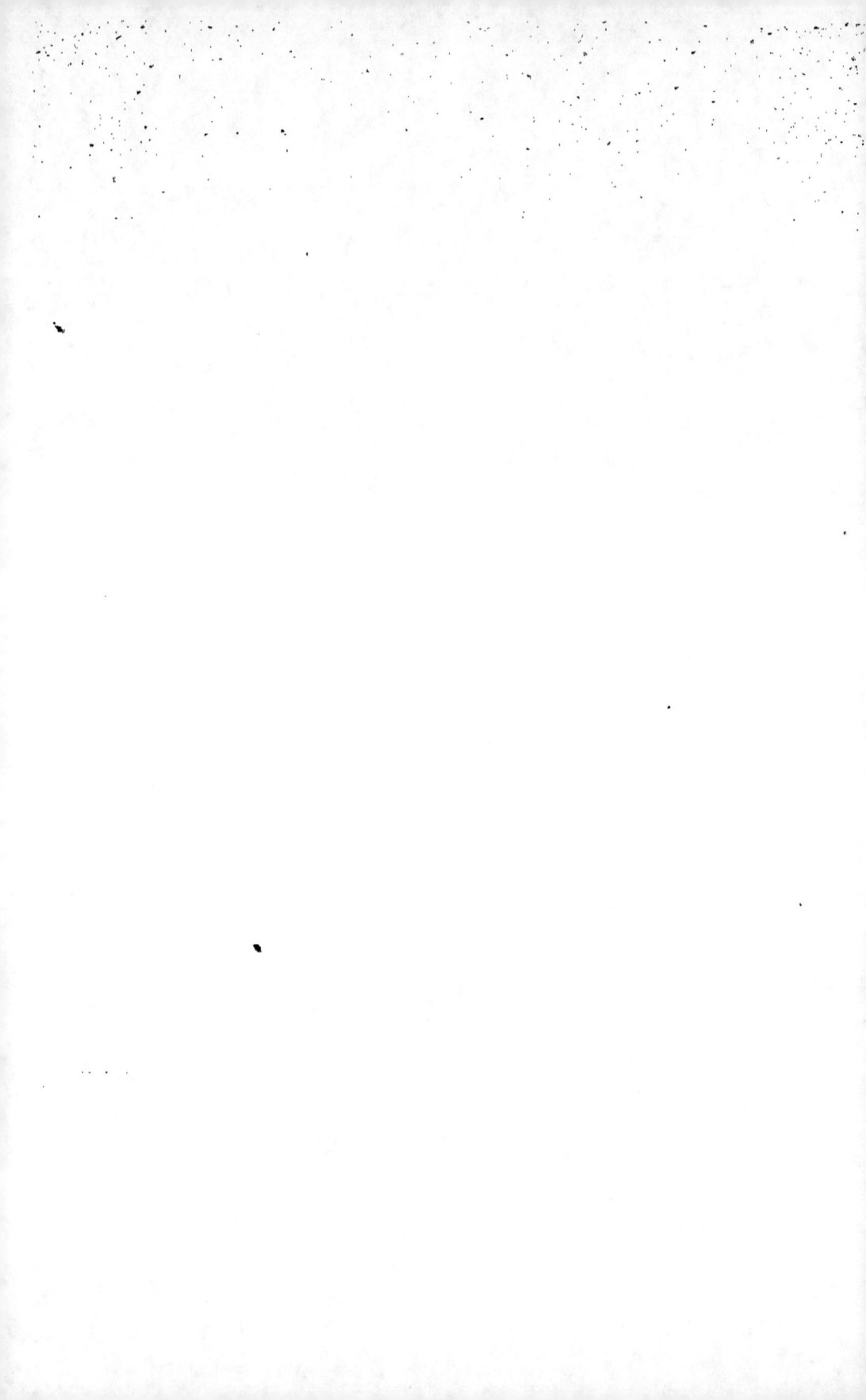

www.ingramcontent.com/pod-product-compliance
Lightning Source LLC
LaVergne TN
LVHW021001090426

835512LV00009B/2014